Mémoires d'un Sous-Officier

Mes Campagnes en Afrique et en Asie de 1889 à 1899

par le
Sergent BOLIS

CHALON-SUR-SAONE
Imprimerie du " Courrier de Saône-et-Loire ".

1905

Mémoires d'un Sous-Officier

MES CAMPAGNES EN AFRIQUE ET EN ASIE de 1889 à 1899

Mes premières années

Né au pays annexé, j'eus dès ma plus tendre enfance l'idée de servir mon ancien pays, la France. Dès l'âge de dix-huit ans, je quittai la Lorraine pour venir m'établir à Marbache, où, comme tant d'autres, j'aurais pu, pour me faire naturaliser, attendre un âge suffisamment avancé, me soustrayant ainsi aux exigences de mon pays de protection. Mais cette idée de vivre dans un pays sans l'avoir servi me répugnait et me paraissait souverainement injuste.

Le 24 décembre 1889, je m'engageai donc pour cinq ans au 2e régiment étranger à Saïda. Je passai ma première nuit à la caserne Carnot du 26e de ligne à Nancy, et le lendemain je pris le train pour Marseille, où j'arrivai à huit heures du soir. Sitôt descendu du train, je fus conduit, avec quelques compagnons de route, au fort Saint-Jean, où je passai deux bien mauvaises journées. La température n'était, en effet, pas faite pour me mettre bien à mon aise. Le mistral, soufflant en tempête, chassait tout devant lui ; les ouvriers des quais eux-mêmes, n'y pouvant plus tenir, abandonnaient leurs travaux. Ce vent, accompagné de pluies torrentielles, faisait craquer les mâtures des bateaux et mêlait ses sifflements lugubres au cri strident des sirènes.

Tous ces bruits sinistres me rendaient bien un peu songeur à la pensée de traverser une mer ainsi démontée, mais rien ne pouvait abattre mon courage, ni déranger la moindre de mes combinaisons.

Enfin arrive l'heure du départ. L'embarquement fut rapide ; à 8 heures du soir, le *Saint-Julien*, à bord duquel j'avais pris place, prenait le large. La pluie tombait si drue et si intense que nous étions dans une obscurité complète ; des vagues énormes, gonflées par le vent, venaient s'abîmer aux flancs de notre navire, qui, poussé tantôt d'un côté et tantôt d'un autre, se balançait au gré des flots.

Peu habitués à une vie aussi mouvementée et spéciale aux matelots, nous étions, à vrai dire, tous malades.

Quelques voyageurs, afin d'être un peu moins secoués, étaient descendus dans la câle, où les vagues avaient déjà fait leur entrée ; d'autres vomissaient en poussant de sourds gémissements, tous en proie au désagréable mal de mer.

Toutes les éjections de ces malades répandaient une odeur insupportable.

J'étais resté sur le pont avec deux ou trois passagers. Nous nous cramponnions à des madriers pour ne pas être emportés par les vagues, qui nous mouillaient des pieds à la tête.

Ne pouvant pas nous abriter, nous restâmes dans cette fâcheuse position jusqu'après le passage du golfe de Lion, où la mer, devenant un peu plus calme, nous permit de prendre un peu de repos.

Quoique la nuit ait été très mauvaise, tout le monde, cependant, fut sur pied à la pointe du jour pour contempler le lever du soleil. L'astre du jour, inondant les flots de ses rayons lumineux, faisait miroiter à travers les vagues les brillantes couleurs de l'arc-en-ciel. Cette image féerique ranimait un peu nos cœurs en nous faisant oublier les dangers de la veille.

Peu après, on signala les côtes d'Espagne. Nous regardions de leur côté avec beaucoup d'empressement, mais le soleil, devenu très vif, nous fatiguait tellement la vue que nous avions peine à distinguer les points les plus saillants du rivage.

Après les dangers courus, ce fut avec un véritable soupir de satisfaction que nous apprîmes que les côtes d'Afrique venaient d'être signalées. Le fort Sainte-Marguerite, où je devais me rendre, se dessinait nettement à l'horizon.

Enfin, le péril était passé ; nous étions sauvés.

Le *Saint-Julien* n'avait pas encore stoppé

qu'une bande d'Arabes et de noirs du Maroc attendaient avec impatience notre arrivée pour opérer le déchargement de notre navire. Ce fut pour moi un grand étonnement que de voir ces hommes aussi noirs que de l'ébène, rouler presque hors de leurs orbites leurs gros yeux blancs. Je m'intéressai beaucoup à les voir gesticuler entre eux. Ils poussaient à tue-tête des cris inintelligibles, laissant apercevoir leurs belles dents blanches.

Je n'eus pas longtemps à les regarder, car nous fûmes emmenés, moi et mes camarades, au fort Sainte-Marguerite. Durant ce petit trajet nous rencontrions une quantité de marchands d'oranges, de figues et de dattes, qui en remplissaient nos chapeaux pour la modeste somme de trente centimes.

Nous sommes restés quatre jours dans ce fort, faisant la connaissance de nouveaux camarades, engagés comme nous pour le 2e régiment étranger. Sur une trentaine que nous étions, toutes les nationalités se trouvaient représentées, mais la majeure partie venait, comme moi, des pays annexés.

Nous partîmes donc pour Saïda et là nous fûmes placés au dépôt pour notre instruction militaire, qui fut assez pénible.

Les premières sorties furent tout à fait gaies ; nous étions heureux d'aller explorer les montagnes et les rochers abrupts qui entourent la ville. Il faisait bon sortir. La température, à ce moment de l'année, au mois de janvier, était en effet très douce et la végétation commençait déjà à renaître. J'aimais beaucoup aussi à visiter les villages arabes, composés de quelques maisons en pierres sans plâtre, une toiture en bois recouverte de terre et une seule porte aérant l'intérieur; ils offraient le plus bizarre aspect. L'ameublement était des plus modestes. Il ne se composait généralement que de nattes servant de lits, et un foyer sur des pierres, où les Arabes faisaient le couscouss et le café maure que je trouvais délicieux.

De temps en temps j'allais avec des camarades au village de Nazareth, habité par des Espagnols, qui avaient su relever la beauté du pays en y construisant de jolies maisonnettes à un étage, abritées des rigueurs du soleil par de beaux arbres plantés tout à l'entour.

Je passai encore quelques jours dans cette ville de Saïda, où je me trouvais heureux à ravir, et, sitôt mes classes terminées, je partis avec un détachement pour Thiaret. Il y avait six jours de marche et les étapes étaient de 25 à 28 kilomètres. La charge que nous étions obligés de porter me paraissait très dure, car nous avions tous nos effets, plus les tentes que l'on montait à volonté dans la plaine pour y prendre quelque repos. Les vivres nous faisaient défaut et c'était peine perdue pour nous que de chercher du pain. Aucun boulanger aux étapes; seuls, les Espagnols savaient faire le pain, mais n'en avaient que pour eux. Nous en étions réduits à aller chercher dans la forêt voisine des glands doux, que nous faisions cuire dans les cendres du foyer. Parfois nous avions la chance de rencontrer un berger, qui nous vendait du lait de mouton sur lequel nous nous jetions avec avidité.

Après ces journées si pénibles et remplies de tant d'incidents, nous arrivâmes à Thiaret. Peu de jours après, je passai un examen et je fus reçu avec une bonne moyenne pour être élève-caporal.

La nature sauvage de ce pays nouveau m'attirait beaucoup. Aussi j'employais le moindre de mes loisirs à aller, soit sous les lauriers-roses pour y lire plus à l'aise, soit dans les buissons pour y faire la chasse aux hérissons ou encore aux bords des ruisseaux attraper des tortues; j'allais même, grimpant sur les rochers, jusqu'à déloger les chacals de leurs terriers.

Cette vie de plaisirs champêtres dura jusqu'au mois de mai, époque à laquelle on envoya des troupes à travers la plaine pour y détruire les criquets, qui faisaient la désolation des colons.

Je partis donc avec ma compagnie pour protéger les récoltes de la ferme Guelbat. Comme engin, nous avions une toile d'un mètre de hauteur, qui, grâce aux troupes qui procédaient à la même destruction, se prolongeait à une longueur indéfinie. A l'intérieur des tentes, les soldats avaient creusé des fossés de 4 mètres carrés.

Lorsque les criquets s'abattaient sur la tente, les hommes munis chacun d'un bâton frappaient derrière la toile pour les faire tomber dans les fossés, où les Arabes n'avaient plus qu'à les écraser en les piétinant. Ce travail dura à peu près trois semaines, au bout desquelles les criquets métamorphosés, se servant de leurs ailes, s'envolèrent par nuées.

A chaque nuage de criquets que nous voyions partir, nous avions pour mission de nous rendre dans les vignes, où, à l'aide de ferrailles et de perches, nous faisions du bruit à seule fin d'épouvanter les criquets.

Une fois ce travail terminé, nous sommes retournés à Thiaret, où chaque soldat était occupé à aider les colons pour la récolte de leurs moissons.

Au mois d'août, je partis, avec un détachement d'une trentaine d'hommes, pour Frindha, petit village assis sur les flancs d'un coteau au milieu d'une épaisse forêt. Le village d'une centaine d'Arabes ne compte guère que cinq ou six Espagnols. Il doit son importance aux grosses fermes des environs.

Dans ce village nous fûmes occupés, les uns à la construction d'une caserne, les autres à aider les colons dans leurs différents travaux. Souvent au marché de Frindha, je voyais venir les Arabes des douars voisins. Habillés d'étoffe très légère, en forme de sac surmonté d'un burnous, armés de leur fusil, ils montaient généralement un âne, et s'en allaient dodelinant de la tête, en chantant derrière les moukères qui les accompagnaient. Celles-ci portaient deux points noirs sur les joues et un point en forme d'étoile au milieu du front. Les bébés étaient portés sur le dos par leurs mères, tandis que ceux qui pouvaient déjà marcher les suivaient, accrochés après leurs misérables haillons. Du père jusqu'au dernier des enfants tous avaient un teint sale et sentaient très mauvais.

Souvent aussi les Arabes se rassemblaient à Frindha pour la fantasia.

Armés de leurs fusils, dont ils ne se séparent jamais, les cavaliers lançaient leurs armes en faisant partir le coup sans ralentir la vitesse de leurs coursiers, qui cependant couraient à toute allure. Tout en exécutant ces mouvements désordonnés, ils poussaient des cris qu'il ne nous était pas possible de comprendre.

L'Arabe, d'un teint mat, est en général d'une constitution robuste. Il laisse pousser toute sa barbe et porte les cheveux courts. L'intelligence est bien supérieure à la moyenne, mais malheureusement pour lui, cette intelligence n'est pas cultivée.

L'été, lorsque le soleil devient un peu trop chaud, les Arabes partent en bande ou chacun de leur côté, et se couchent sous les arbres ou dans les douars, abrités seulement par leur gourbi, toile très épaisse noircie à la fumée du foyer.

Mais assez parlé sur l'Arabe, je continue mon récit.

Le 20 novembre, je quittai donc Frindha avec mon détachement pour aller à Géryville. Dix jours de marche nous séparaient de cette nouvelle résidence. Les routes étaient pierreuses et difficiles pour marcher. Nous avions des chameaux pour porter nos vivres. Nous fîmes deux ou trois étapes, où je ne vois rien de bien saillant à signaler ; puis l'étape suivante fut Saïda que je fus content de revoir, car c'est là qu'avait débuté ma carrière militaire. Le lendemain, nous prîmes la direction d'Imeladiard, dernier village de cette contrée, avant de nous engager dans la plaine. Après ce pays, en effet, à part quelques touffes d'alfa et, de temps en temps, des mirages, plus rien ne se présenta à nos yeux. C'était un véritable désert.

Heureusement pour nous le thym et les touffes d'alfa nous servirent pour faire cuire nos aliments.

A l'étape suivante se trouvait un borge, espèce de hangar, destiné à abriter les troupes de passage.

Ce borge était gardé par un Espagnol et sa fille, qui s'étaient adjoint un commerce d'épicerie, où chacun de nous fut tout heureux de pouvoir renouveler ses petites provisions. Leur vie s'écoulait bien tristement, car ils étaient éloignés d'au moins 30 kilomètres de toute habitation et ne voyaient de Français que les troupes de passage.

Une étape encore à signaler fut celle de Sfissifa-les-Saules, où se trouvaient un détachement de légionnaires et quelques hommes de l'administration, qui ravitaillaient les troupes de passage. Là, nous couchions sous de petites tentes avec de l'alfa et du thym pour matelas.

Je dormis très bien, ne me doutant pas du mauvais tour que devait me jouer le thym. Je me réveillai, en effet, le lendemain matin avec un violent mal de tête.

Le soir, nous arrivâmes à Ben-Etap, où nous avions l'eau et le bois à discrétion. Aussi ne nous servions-nous de l'alfa et du thym que pour faire des feux de joie, rendus nécessaires par les premières apparitions du froid. Enfin, on arrive à Géryville, village peu important, habité par quelques Espagnols, et qui, cependant, compte encore 250 à 300 Arabes et Israélites, vivant chichement dans des baraques recouvertes de chaume. Le terrain n'était pas très fertile. Il faut dire aussi que les Espagnols ne se donnaient même pas la peine de le cultiver.

Le bataillon de légionnaires, dont je faisais partie, avait une compagnie montée avec des mulets. Nous étions sur le pied de guerre, prêts à nous porter d'un point à un autre au premier signal. Le service des vivres nous était régulièrement assuré de Saïda par des voitures espagnoles. Les légionnaires montés allaient souvent chercher du bois dans une forêt distante de Géryville de 16 kilomètres. C'est alors que beaucoup d'entre nous, n'étant pas bons cavaliers, se laissèrent désarçonner à la grande joie des camarades qui avaient réussi à bien se tenir en selle. Malheureusement, le froid devint bientôt excessif et la plaine se recouvrit d'un épais manteau de neige.

Le 2 janvier, on demanda des volontaires pour

le Tonkin. Vous ne sauriez vous imaginer quelle joie je ressentis à cette nouvelle. Mon illusion fut bientôt suivie d'une amère déception. A la visite, le docteur me trouva en effet trop jeune pour prendre part à cette expédition. Tous mes projets se trouvaient ainsi brisés, mais je ne voulais pas m'en tenir là. J'implorai tant la clémence de mes supérieurs que ceux-ci décidèrent de me laisser partir.

Mon rêve allait donc se réaliser.

Le 20 janvier 1891, nous partîmes 113 hommes et 3 officiers pour Saïda. Le quatrième jour, nous arrivions au borge dont j'ai parlé plus haut, et chacun de nous se précipita chez l'Espagnol pour renouveler ses provisions. Mais quelle fut notre stupéfaction en ne voyant plus que les quatre murs et le cadavre du malheureux qui était à peine reconnaissable, car, à leur tour, les chacals n'avaient laissé que le squelette.

Ce revendeur avait dû être victime de la barbarie d'une bande d'Arabes. La fille avait dû être enlevée par ces inhumains, car on n'en trouvait plus aucune trace.

Enfin, deux jours après, nous arrivions à Saïda, où l'on nous distribua nos meilleurs effets. Cette opération terminée, on se mit en route pour Oran.

Les zouaves, musique en tête, nous attendaient pour nous conduire au quartier d'artillerie, où des tentes avaient été dressées, prêtes à nous recevoir. La municipalité d'Oran, voulant prendre part à la fête, nous fit envoyer du tabac, du papier à cigarettes et quelques petites douceurs.

Le lendemain, sur le quai, nous passions la revue du général commandant le 19e corps. Durant la cérémonie, j'admirais avec plaisir les vieux soldats qui se trouvaient parmi nous, faces bronzées par le soleil, amaigries par les fatigues, à l'aspect rude, un peu sauvage même. Ils avaient cet air martial, admirablement guerrier qui caractérise notre belle armée d'Afrique, sous leurs képis usés recouvrant des faces à grandes barbes, avec leur front barré du pli menaçant des sourcils habitués à se froncer en face du péril. Leurs yeux flamboyants, comme remplis du reflet de quelque lointain mirage, semblaient avoir emprunté une profondeur et un éclat étranges aux solitudes qu'ils avaient longuement contemplées. Un mouvement instinctif leur faisait serrer avec force leurs armes dont ils sont toujours prêts à se servir par habitude des attaques imprévues.

Leur attitude était celle d'hommes accoutumés à braver la mort sur les champs de bataille, ayant l'assurance que donne l'intrépidité jointe à la stoïque indifférence de ceux qui ont dompté la souffrance en façonnant leur corps à la disette et aux fatigues.

Aussitôt après eut lieu la répartition des hommes par dix, caporal compris. L'embarquement s'effectua de suite sur le *Comorain* et, tandis que la musique des zouaves nous envoyait ses derniers adieux, nous prenions déjà nos places dans la cale, où nos couchettes étaient superposées les unes aux autres.

Le *Comorain*, marchant à toute hélice, longea un instant les côtes d'Afrique, mais la nuit tombait déjà et nous empêchait de les distinguer.

La Méditerranée était agitée et occasionnait de fortes secousses à notre navire. Aussi, beaucoup d'entre nous furent-ils pris du mal de mer; quand arriva l'heure du repas, beaucoup dédaignèrent de se lever, ce qui permit aux passagers valides de faire un copieux déjeuner.

La plupart des passagers, en proie à de cruels tiraillements d'estomac, se penchaient au-dessus de leurs couchettes pour vomir plus à l'aise.

Le spectacle était vraiment peu commun.

La pluie tomba toute la nuit, ce qui nous obligea de rester dans notre cale, où nous respirions un air insupportable. Chacun de nous avait hâte de voir réapparaître le jour pour pouvoir contempler la haute mer. Enfin, vers 6 heures, les clairons et les tambours de l'équipage sonnèrent le branle-bas dans les batteries. Tout le monde fut vite sur pied et monta sur le pont, où, du moins, on pouvait respirer l'air pur à pleins poumons. Après les distributions de café et de tafia, l'équipage procéda au nettoyage du bâtiment. Chaque escouade avait son travail défini. Telle escouade lavait le pont, telle autre lavait les batteries. Les uns jetaient à la mer les détritus de la machine, les autres au moyen du loch calculaient à quelle vitesse nous filions.

Tous les matins, après ces diverses opérations

on changeait la garde de police et le capitaine de vaisseau nous passait en revue. A partir de ce moment nous étions libres, aussi en profitions-nous pour nous livrer à des jeux de toutes sortes.

Chaque fois que la mer était mauvaise, nous étions obligés d'aller nous coucher à 5 heures.

Quand la mer était plus belle, nous restions sur le pont pour admirer le soleil se couchant dans les flots derrière l'horizon enflammé.

Souvent, aussi, notre attention était attirée par les marsouins et les requins qui, toujours à l'affût d'une nouvelle proie, nous suivaient dans notre marche.

Par les temps d'épais brouillard, nous lancions des feux de bengale, pendant que la sirène, aux cris aigus, avertissait les autres navires de notre présence.

Comme, parmi nous, il y avait quelques artistes, nous avions monté un théâtre-concert, où tous les deux jours nous faisions une petite soirée. Depuis notre départ d'Oran, c'était là notre seule vraie distraction et l'unique moyen de passer sans trop d'ennuis nos longs après-midi.

Un matin, vers 11 heures, l'officier de quart signala les côtes d'Egypte. Tout le monde de se précipiter sur le pont pour mieux voir. Au premier abord, elles nous parurent comme couvertes de neige, tellement elles étaient dénuées de toute verdure. Ce n'était partout que rochers tout blancs, sans le moindre indice d'habitation.

Peu après, on finit par distinguer les phares et le faîte des maisons d'une ville égyptienne (Port-Saïd) qui, malheureusement, nous était consignée. Nous apercevions déjà quelques barques de pêcheurs qui dénotaient, à coup sûr, l'approche du port, quand nous vîmes un petit vapeur venir nous chercher pour nous guider dans la rade.

A peine le *Comorain* était-il arrêté qu'une foule de camelots, envahissant le pont du navire, cherchaient à écouler parmi nous leurs marchandises de toutes sortes, mais se composant principalement de fruits tels que noix de coco, bananes, mandarines, figues, dattes, etc. Ils nous vendaient aussi des boîtes de gomme qu'ils dénommaient à tue-tête : « ratagoum! ratagoum! », de nombreux coquillages, voire même de la bijouterie et de jolis peignoirs en toile égyptienne avec des franges métalliques.

Ce que nous préférions leur acheter, c'était du tabac, aussi fin que des cheveux, qu'ils nous vendaient à raison de deux sous la grosse poignée.

Depuis le pont, nous voyions les agents se promener tranquillement sur le quai, envoyant les passagers faire visiter leurs bagages à la douane. Le service des voitures avait l'air d'être très bien fait, car une vingtaine de celles-ci, représentant tous les principaux hôtels, attendaient le débarquement des passagers.

L'approvisionnement de charbon fini, le *Comorain* reprit sa marche pour traverser le canal de Suez, où à chaque instant l'on était obligé de se garer pour laisser libre passage aux navires venant en sens inverse.

De chaque côté, ce n'était qu'une vaste plaine de sable, où pas un arbre, pas la moindre touffe d'herbe n'osaient affronter les chaleurs excessives du soleil. A notre droite, la ligne du chemin de fer de Suez à Port-Saïd, qui longe le canal dans toute sa longueur.

Après 36 heures de traversée, le *Comorain* arrriva à Suez à la nuit tombante et là, sans s'arrêter, mais doublant de vitesse, il entra dans la mer Rouge.

Au fur et à mesure que nous nous pénétrions dans cette mer, la chaleur se faisait de plus en plus sentir. Aussi nous eûmes vite fait d'adopter le costume d'été. Nous restâmes une huitaine de jours entre le ciel et l'eau.

La première escale fut Obock, où le *Comorain* renouvela son charbon. A peine étions-nous signalés qu'une bande de négrillons vinrent au-devant de nous à la nage en criant : « A la mé ! » ce qui voulait dire de leur jeter un sou à la mer. Vivement intéressés par tous ces gamins, nous leur jetions des sous que, par un plongeon rapide, ils avaient vite fait d'attraper et de mettre dans leur bouche, leur portemonnaie de circonstance. Nous ne descendîmes pas à Obock ; l'approvisionnement se faisait en effet par l'intermédiaire des chalands.

Le *Comorain* continua sa course à travers cette mer, où la chaleur devint si excessive que l'on fut obligé, pour pouvoir rester sur le pont, de le recouvrir d'une toile constamment mouillée et de prendre de temps en temps des douches.

C'est dans cette traversée de la mer Rouge que nous eûmes à déplorer deux décès de légionnaires, mes camarades, dont les corps furent de suite portés à l'amphithéâtre pour procéder aux obsèques. Ce fut vite fait. Les corps, placés sur la planche fatale, furent précipités dans les flots.

Cette triste cérémonie n'avait duré qu'un instant et, presque sans nous arrêter, nous filions de nouveau sur cette mer maudite, écartant de notre esprit le souvenir de ce lugubre spectacle.

Nous restâmes encore une huitaine de jours entre le ciel et l'eau. Par deux ou trois fois, cependant, nous aperçûmes dans le lointain des navires qui saluaient notre rencontre.

Ce fut dans ces moments-là aussi que nous vîmes, flottant à la dérive, les débris d'un vaisseau qui, probablement, poussé par la tempête, était venu s'abîmer sur les récifs qui peuplent cette mer.

Après ces longues journées de mélancolie, nous fûmes tout heureux d'apprendre que nous approchions de Colombo, où nous devions faire escale.

Il était environ 7 heures du matin quand la cité anglaise nous apparut dans toute sa beauté. Bâtie au pied d'une colline et perdue dans la verdure, la ville de Colombo se fait remarquer par la grande propreté de ses maisons d'habitation. Comme en la plupart des villes bâties par les colons, les maisons se ressemblent toutes avec leurs jolis balcons suspendus aux fenêtres. Chacune est entourée de beaux arbres qui la protègent des rayons trop chauds du soleil.

Au sud de l'arsenal de Colombo et à 3 ou 4 kilomètres, de là, se trouvait un des plus beaux sites des environs.

C'était plutôt un faubourg qu'un village distinct de Colombo. La route qui y conduisait, bordée de chaque côté d'une belle rangée d'arbres, était enclavée entre une épaisse forêt et des rochers surplombant la mer. Ça et là dans les clairières on apercevait quelques villas dont les maîtres semblaient s'être retirés là pour y vivre dans la solitude la plus complète.

Cette journée, admirablement passée, nous rappelait des souvenirs d'enfance, où gamins, nous aimions, par les belles matinées de printemps, prendre nos ébats dans la verdure pliant sous le poids de la rosée.

Avec beaucoup de regrets nous quittâmes Colombo, et le *Comorain* s'engagea sur l'Océan Indien.

Quoique le soleil eût déjà disparu derrière l'horizon, la chaleur était encore si accablante que nous manquions littéralement d'air.

C'était facile de prévoir qu'une tempête se préparait. Le vent grossissant de plus en plus se mit à souffler avec rage. Vers 11 heures, on ferma les hublots et l'on cargua les voiles.

Ces précautions furent prises juste à temps, car les vagues, enflant de plus en plus, s'élevaient déjà à des hauteurs effrayantes, retombant lourdement sur le pont, où elles nous inondaient des pieds à la tête, même l'officier de quart, qui debout sur la passerelle, commandait la manœuvre.

Tous les objets qui n'avaient pas été attachés dansaient d'un bout à l'autre du pont. Les éclairs se succédaient sans interruption et le tonnerre faisait retentir ses sinistres grondements.

Le vent, comme un lion en furie, rugissait à travers les cordages, pliait les mâts jusqu'à les briser. Les vagues enlevaient le *Comorain* comme un fétu de paille et le laissaient ensuite retomber à pic dans le gouffre. A chaque éclair il nous semblait naviguer sur une mer de feu.

Etendus sur nos couchettes, nous étions obligés de nous cramponner aux planches pour ne pas tomber à terre. Les secousses étaient parfois si violentes que les hélices complètement sorties de l'eau tournaient à vide, ce qui retardait notre marche.

Cette situation périlleuse dura jusqu'à 2 heures du matin. A partir de ce moment, les vagues devinrent moins grosses, le vent s'apaisa petit à petit et tout rentra dans le calme jusqu'au 10 mars, date de notre arrivée à Saïgon. Le *Comorain* s'arrêtant pour débarquer et charger des marchandises, nous allâmes à la caserne d'infanterie de marine qui, au premier coup d'œil, ressemble plus à un petit château qu'à une caserne.

C'était un grand bâtiment aux couleurs rouge

et bleue, entouré d'une magnifique véranda, où les soldats pouvaient se promener sans crainte des rayons du soleil.

Le premier étage disposé de la même façon que le rez-de-chaussée, avait en outre de beaux balcons, peints en bleu à toutes les fenêtres.

Les chambres étaient carrelées avec de la brique vernie.

Une grande cour, remplie d'arbres élevés, qui donnaient un peu d'ombrage et de fraîcheur à la caserne.

A cette époque de l'année, le soleil est très chaud et dessèche jusqu'au moindre brin d'herbe.

Pendant notre séjour à la caserne, on avait bien voulu mettre l'appareil de douche à notre disposition. C'était le seul moyen de se procurer un peu de fraîcheur durant ces brûlants après-midi.

Nous allions par groupes faire des promenades dans Saïgon. Notre endroit favori était le jardin des plantes, bien assorti en fauves et oiseaux de toutes espèces. Chose étonnante, les arbres verdissaient toujours alors que les moindres touffes d'herbes étaient desséchées jusque dans leurs racines.

La ville avec ses files de maisons à deux ou trois étages très régulières présentait un assez bel aspect. Toutes les rues étaient bordées d'une rangée de beaux arbres correctement alignés.

On remarquait quelques cafés-concerts où, au milieu de la salle de spectacle, se trouvait un grand panca pour éventer les consommateurs.

Le panca est une planche fixée au plafond de la salle, mû par une corde que tire un indigène.

D'autres naturels du pays venaient s'offrir pour vous éventer pendant toute la soirée moyennant la somme ridicule de 3 ou 4 centimes. D'autres enfin, les pousse-pousse, s'offraient, pour la bagatelle de 25 centimes, à faire le plus rapidement possible le tour de la ville.

Les Européens s'acclimatent très bien à Saïgon, mais en ayant soin de ne faire aucun excès et de ne sortir qu'en se garantissant bien des ardeurs du soleil.

Le 14 mars, nous nous embarquions pour continuer notre route dans la mer de Chine. Le voyage dura deux jours sur une mer des plus calmes.

A Hué, le *Comorain* s'arrêta pour déposer des marchandises apportées de France.

L'arrêt fut court, car le soir même nous étions devant la baie Dalon, où nous ne pûmes pas entrer, tellement les rochers qui affleurent l'eau sont dangereux.

Des chaloupes à vapeur firent le service et remontant les fleuves, transportèrent vivres et voyageurs à leurs différentes destinations.

Le détachement dont je faisais partie descendait à Haïpong pour y passer la nuit et le lendemain à l'aube, repartait pour Hon-Goa, où il fut réparti en quatre contrées. Je restai à Hon-Goa.

Deux jours entiers furent consacrés à notre propreté personnelle et à notre équipement, et le lendemain nous étions prêts à faire face à l'ennemi.

On ne laissa à la compagnie que quelques employés et les hommes qui, par trop fatigués du voyage, avaient été exemptés de tout service.

Tout le reste était commandé de garde et prenait la faction à l'intérieur de la citadelle, sur les remparts ou les miradores.

Pendant le jour tout allait pour le mieux, mais dans les ténèbres de la nuit, les mouches à feu venaient toujours nous inquiéter. N'étant pas habitués à ces vilaines bêtes, il arriva à plus d'un d'entre nous, en voyant ces insectes briller dans la nuit, de faire feu, croyant apercevoir les yeux d'un fauve.

Fréquemment, pendant nos heures de faction nous étions attaqués par les rebelles, qui, profitant de l'obscurité des nuits, s'approchaient des murs de l'enceinte et tiraient sur nos casques blancs; aussi nous fit-on adopter le képi, le casque fut réservé pour la journée.

Le 28 mars, un convoi de blessés et de malades nous arriva de la colonne de Song-Jion. Comme il fallait remplacer les manquants, nous partîmes dix légionnaires, de grand cœur, avec 20 tirailleurs, escorter le convoi de vivres et rejoindre la colonne. Il nous fallut deux jours de marche.

Depuis quinze jours, trois colonnes étaient à la poursuite des pirates, qui s'étaient retirés dans leurs repaires situés tout en haut d'une montagne boisée. Les brigands avaient eu soin de creuser des tranchées recouvertes de palissades et garnies de piquets empoisonnés. Le tout était recouvert de feuilles et de branchages pour en dissimuler la vue.

Parmi cette bande se trouvaient des miliciens du poste Tho-Bo, où venait d'être assassiné le résident. On ne connaissait pas au juste le nombre de ces traîtres, on savait seulement qu'un sergent et un clairon avec quelques hommes étaient passés à l'ennemi avec armes et bagages.

De nos trois colonnes, deux étaient formées de tirailleurs et de soldats de l'infanterie de marine; la troisième, celle dont je faisais partie, se composait de tirailleurs et de légionnaires et se trouvait sous les ordres de M. le commandant Bergougniaus. Les colonnes avaient pour mission de tenir les pirates en respect et de couper toutes leurs communications avec les pays voisins, permettant ainsi à nos troupes, déjà fatiguées, de prendre un repos bien mérité et d'attendre d'autres aliments plus confortables que le riz.

A notre arrivée et surtout à celle de nos munitions, nous fûmes les bienvenus. Nos troupes trouvaient le pain délicieux.

On ne prit pas le temps de faire la soupe, mais on fit du café, que nous nous apprêtions à boire avec avidité, lorsqu'une vive fusillade, arrivant au milieu de nous, nous fit tout abandonner. Il était neuf heures du matin, les faisceaux étaient formés. Une balle vint même frapper une baïonnette, qui tournoya en l'air comme une flèche.

De là commença réellement la guerre, à laquelle

je devais prendre part. On courut aux armes et vite sur la défensive ; le commandant donna l'ordre au clairon de sonner : « Commencez le feu » pour prévenir les autres colonnes.

C'est alors que le traître, le clairon passé à l'ennemi, sonna : « Cessez le feu ». pour nous tromper, mais cette ruse fut bien vite reconnue et l'on n'en continua pas moins à tirer de plus belle jusqu'à ce que la nuit vînt mettre fin au combat. Nous avions déjà gagné du terrain sur l'ennemi.

Pendant la nuit les sentinelles tirèrent bien quelques coups de fusil, mais il n'y eut aucun engagement.

Le lendemain, au petit jour, la lutte reprit avec la même ardeur que la veille.

Les grosses balles de fusils-remparts sifflaient au-dessus de nos têtes ; mais nous allions toujours de l'avant. On amena des pièces de canon, qui mirent bientôt les tranchées ennemies à découvert.

Quand ils virent leur supercherie ainsi déjouée, les pirates se mirent à pousser des cris affolés, mais ils n'en gardaient pas moins pour cela leurs positions.

A chaque instant, nous changions de place pour nous dégager de ces broussailles qui gênaient considérablement notre tir.

La journée se passa sans que nous eussions eu l'idée de manger même un biscuit. Je ne sais dans quel état se trouvaient mes camarades, mais, pour mon compte personnel, j'avais la tête lourde et n'entendais plus rien du tout. Mes cheveux se dressaient et mes tempes suaient à grosses gouttes.

Mon cœur battait à se rompre, non pas que j'eusse peur, je n'ai jamais tremblé, mais c'était la première fois que je faisais le coup de feu. Aussi cette journée m'impressionna-t-elle beaucoup et me laissa un triste souvenir des cruautés de la guerre.

Ainsi que la veille, l'obscurité vint séparer les adversaires, et nous passâmes la nuit abrités derrière des rochers.

La garde ne signala aucun incident et ce ne fut que vers trois heures le lendemain matin que la fusillade recommença aussi violente que les jours précédents.

Par un fâcheux contre-temps, le brouillard s'étant abattu sur le terrain du combat, il nous fut impossible de voir à plus de cent mètres de nous, ce qui gênait énormément nos opérations.

Dans l'après-midi, les clairons sonnèrent en avant et nous nous élançâmes tous au pas de charge à travers les broussailles, sautant de rochers en rochers jusqu'au bord des tranchées de nos adversaires. Là nous nous servîmes de la crosse de nos fusils pour nous frayer un passage, faisant sauter au loin les piquets empoisonnés.

Plus nous avancions, mieux nous distinguions, dépassant les bords supérieurs des tranchées, les chapeaux et les grandes chevelures des pirates qui, surpris d'une telle charge, se sauvaient de tous côtés en hurlant : « Sales Français », qualification qui ne faisait que redoubler notre ardeur.

Après être entrés nous-mêmes dans leurs positions, nous avons trouvé dans le camp tout ce que nos ennemis n'avaient pu emporter dans leur fuite : leurs morts, leurs blessés, leurs armes blanches et leurs arbalètes empoisonnées.

En continuant de leur faire la chasse, on passa près d'une pagode dont les murs étaient à moitié démolis ; près de là se démenait lamentablement un cheval auquel un obus venait d'enlever une jambe.

Nous rencontrâmes aussi une baïa (femme) portant sur son dos un bébé à peine âgé de trois ans.

La pauvre femme était tellement émotionnée qu'elle ne put nous fournir aucun renseignement sur la fuite de l'ennemi.

On trouva également le clairon de la milice qui n'était que blessé, et le doï (sergent) mort de deux balles reçues dans le bas-ventre. Ce fut à ce moment qu'il se passa un fait pénible à signaler. Un sergent d'infanterie de marine, pris d'envie pour la belle chevelure de ce doï, le scalpa et se sauva en emportant sa lugubre dépouille.

Si ce fut une journée qui coûta beaucoup d'hommes à l'ennemi, nous aussi, de notre côté, nous eûmes bien des blessures à regretter et la mort de deux d'entre nous à déplorer.

Ces deux victimes du devoir, le caporal Tourreau, de l'infanterie de marine, et un tirailrailleur, furent enterrées sur le champ d'honneur, à l'endroit même où ils tombèrent, la poitrine percée de balles ennemies.

Le soir même de cette mémorable journée, nous nous établissions dans un village abandonné.

Tout près de là passait un petit ruisseau, où chacun fut heureux d'aller se nettoyer. Il faut dire aussi que, manquant du nécessaire, nous étions plus noirs les uns que les autres.

Le repas du soir se passa tranquillement, chacun de nous retraçant les différentes péripéties de la bataille.

M'étant assis sur l'herbe pour y prendre un peu de repos, il me sembla que quelque chose de froid me coulait le long de la jambe. Craignant une piqûre de mauvais insecte, je descendis immédiatement au petit ruisseau, pour me laver, quand je m'aperçus que c'était une blessure. Une balle m'avait traversé la jambe gauche. Le trou par lequel elle avait pénétré et celui par où elle était ressortie étaient marqués sur mon pantalon. Un petit filet de sang coulait le long de ma jambe, descendant jusque dans ma chaussure; c'est ce qui m'avait donné cette sensation de froid.

J'avais passé par tant d'émotion dans cette journée, que je ne me rappelais pas le moment où je reçus ma blessure.

Comme nous n'avions pas de docteur avec nous et que le mal ne me paraissait pas grand, je n'en parlai à personne, me contentant de m'envelopper fortement avec mon mouchoir.

Quelques jours après, la plaie était cicatrisée et j'étais prêt pour de nouvelles escarmouches.

Après trois jours de marche, nous arrivâmes à Hong-Hoa, où l'on fut obligé de brûler tous nos effets pour détruire la vermine qui s'y était amassée.

Pour comble de malechance, la fièvre se déclara dans nos rangs et, plus terrible que les balles, frappa sans pitié beaucoup de mes camarades, qui furent aussitôt dirigés sur l'hôpital d'Hanoï.

Au mois de mai suivant, je partis avec la moitié de la compagnie au poste de Jen-Lang pour relever les soldats malades de l'infanterie de marine. Nous étions 40 hommes de la légion et 30 miliciens.

Dès notre arrivée, on construisit le poste. Nous allions dans les bois chercher les poutres et les piliers ; la moitié des hommes travaillaient et l'autre moitié gardaient ceux-ci contre toute attaque de pirates.

Le travail était très pénible, aussi après quelques jours nous étions à bout de forces. Par sa position, le poste à construire nous rendait encore le travail plus difficile.

Perchés sur un petit mamelon, nous étions environnés de broussailles et d'une espèce d'herbe très grande, qui, suivant les habitudes du pays, était brûlée, lorsque l'été l'avait complètement desséchée.

Cette précaution était sagement prise, car beaucoup d'insectes venimeux, voire même de reptiles dangereux, disparaissaient avec l'herbe. De plus, les fauves n'ayant plus rien pour se cacher étaient obligés d'aller chercher un gîte ailleurs.

Néanmoins, les indigènes respectaient les endroits boisés.

A l'ouest du poste, s'étendait une petite plaine de terre mouvante. C'est là que se trouvaient les rizières d'où s'échappaient des gaz délétères, cause première des maladies de nos soldats.

Décidément, la déveine nous suivait partout : c'est ainsi qu'au bout d'une quinzaine de jours, minée par la fièvre et la dysenterie, la moitié de notre petite troupe était indisponible.

Dans l'espace de huit jours, trois de mes camarades sont morts sans que l'on ait eu le temps de les évacuer sur l'hôpital. Les accès de fièvre étaient très pernicieux et c'est à peine si les malades avaient le temps de se voir mourir.

En prévision des épidémies qui auraient pu se déclarer, on avait construit une petite cabane sur un petit mamelon situé au nord, à environ 350 mètres du poste. Là, on déposait les cadavres pendant 24 heures, afin de sauver la vie des autres soldats, qui tous se trouvaient plus ou moins atteints de la terrible maladie du choléra.

Pendant la nuit, on montait la garde à côté de cette hutte, pour veiller à ce que les fauves ne se repussent pas des cadavres de nos camarades. Nous n'étions que deux pour prendre cette triste faction.

Comme je n'étais pas aussi malade que les autres, je fus désigné, ainsi qu'un de mes camarades, pour aller garder la hutte.

Je m'ennuyais beaucoup pendant ces heures de garde, où, complètement isolé, je ne savais à quoi penser. A chaque instant je croisais la baïonnette du côté du bruit qui paraissait s'approcher de moi, car je m'attendais toujours à voir surgir des hautes herbes, soit un fauve, soit un rebelle.

Le 3 juillet, on fit le triage des plus valides d'entre nous pour aller en reconnaissance et renforcer une colonne venant de Hong-Hoa pour opérer contre la bande de Bac-Ki qui, paraissait-il, amenait un grand convoi de vivres et de munitions.

Un grand jour de marche nous séparait du détachement de Hong-Hoa.

On passa la première nuit dans la montagne, au milieu d'un village qui venait d'être la proie des flammes.

Comme le ruisseau passait à environ 600 mètres de là, nous étions obligés, pour avoir de l'eau, de faire escorter les porteurs par une escouade d'hommes, tellement ils avaient peur d'être enlevés par les pillards.

Le soir de ce même jour, je prenais la faction lorsqu'un orage creva au-dessus de nos têtes. La pluie tombait à torrents, les éclairs ne cessaient d'illuminer le ciel, quand, tout à coup, un jeune soldat, de faction avec moi, crut voir, dans un jaillissement d'éclair, la silhouette d'un rebelle.

Aussitôt il déchargea son arme, donnant ainsi une fausse alerte à notre petite troupe dont les chefs avaient peine à calmer l'effroi et à retenir les porteurs saisis d'épouvante.

La nuit se passa sans autre incident. Le lendemain nous reprenions notre marche et ce fut peu de temps après que nous fîmes la rencontre du détachement de Hong-Hoa.

L'on forma aussitôt la colonne, où j'occupais la place d'homme de communication entre les éclaireurs et le gros de la troupe.

On arriva bientôt auprès du village que nous devions prendre d'assaut. Plusieurs sentiers y accédaient. Au coup de langue du clairon je m'engageai dans un de ces sentiers, suivi seulement de quelques hommes de l'avant-garde.

Au bout d'une dizaine de mètres, nous découvrîmes plusieurs ennemis venant à notre rencontre, à une allure aussi rapide que la nôtre.

Sitôt qu'ils nous aperçurent, ils placèrent la crosse de leurs armes sur leur poitrine et de l'autre bras resté libre se cachèrent les yeux pour ne pas se voir enfiler par nos baïonnettes.

Se débarrasser d'eux fut l'affaire d'un instant. On les désarma, ne leur laissant que quelques cartouches qu'ils portaient à la ceinture.

La moitié de la colonne était déjà dans le village. Les hommes enfonçant les portes à coups de crosse pénétrèrent dans les huttes, mais ne découvrirent personne.

Les habitants s'étaient tous enfuis, laissant le repas encore tout fumant sur la table, et s'étaient retirés dans les rochers imprenables qui dominaient la montagne.

Après avoir en vain fouillé tout le pays, on fit une grande halte, profitant de la bonne aubaine qui nous procurait un bon repas aux frais de nos ennemis.

Le résultat était médiocre : nous n'avions fait que quelques prisonniers.

Tristement désappointée, la colonne se disloqua, chaque groupe devant rejoindre son poste.

Après avoir franchi un petit ruisseau, le détachement de Hong-Hoa nous quitta pour prendre, à notre gauche, la direction de Doug-Van, où il devait s'arrêter pendant le plus fort de la chaleur.

Depuis la dislocation, notre petite troupe avait repris sa formation de marche. Je fus placé à l'arrière-garde pour surveiller les coolies employés à porter nos bagages.

Ayant perdu un peu de temps pour passer le ruisseau, je me trouvai de ce fait un peu en arrière du détachement. De plus le sentier que nous suivions était rempli de hautes herbes rendant notre marche encore plus difficile.

Nous étions forcés de longer les flancs de la montagne au sommet de laquelle se trouvaient les rebelles.

L'avant-garde arrivait à peine au bas de leurs retranchements que l'ennemi la recevait par une fusillade des mieux nourries.

Cette attaque inopinée nous surprit, mais le premier moment de stupeur passé, nous procédâmes aux feux de salves.

Aux premiers coups de fusil, nos porteurs s'étaient couchés de chaque côté des bagages et se cachaient la tête dans l'herbe.

Grâce à ce stratagème, l'ennemi ne put nous voir, mais entendant toujours les balles siffler au-dessus de nos têtes, on courut à Dong-Van prévenir le détachement de Hong-Hoa. Celui-ci vint à notre secours et tenant les rebelles en respect, nous permit de sortir de ce dangereux défilé.

Au-dessus de nos têtes se trouvaient les ennemis ; en face de nous, sur une petite montagne, était posté leur chef donnant les ordres dans un porte-voix.

Ces commandements ainsi donnés étaient du plus bizarre effet et ressemblaient plutôt à une complainte qu'à des ordres.

Dans le sentier que nous suivions, les embûches ne manquaient pas. Il était obstrué de bambous, garnis préalablement de ferrailles et de poudre. Une mèche savamment dissimulée reliait ces bambous à nos ennemis.

A notre passage ceux-ci mettaient le feu à la mèche et c'étaient des explosions à n'en plus finir.

Par bonheur, ces engins nous causaient plus de peur que de mal.

Un peu plus loin, nous rencontrâmes un rebelle blotti dans sa cabane, construite au haut d'un arbre. Il était tranquillement occupé à fabriquer des cartouches. Fait prisonnier, il refusa de donner des renseignements sur l'ennemi. On le fusilla sur le champ.

Comme il était impossible de déloger les pirates de leurs rochers, nous poursuivîmes notre route à travers la forêt.

Il était bien quatre heures de l'après-midi lorsqu'on sortit enfin de ce dangereux passage.

Il faisait un soleil de plomb et pas le moindre zéphyr ne venait atténuer cette chaleur accablante. Mes camarades ne pouvaient plus avancer. J'étais obligé de faire porter leurs fusils et leurs cartouches par les coolies.

Plusieurs d'entre eux frappés d'insolations tombèrent comme des mouches. On les portait à bras. Tant bien que mal, nous arrivâmes à la tombée de la nuit dans un village. Il était temps, nous ne demandions qu'à nous reposer.

Quelques-uns cependant, doués d'une force extraordinaire, ne se trouvaient pas trop fatigués. Ceux-là se mirent en devoir de prodiguer à leurs camarades les soins que nécessitait leur état.

Pendant toute la fusillade de l'après-midi nous n'avions eu à déplorer que les blessures de quelques tirailleurs tonkinois.

La nuit tomba. Nous fûmes obligés de renforcer les sentinelles de manière qu'il y eût un Européen avec un tirailleur.

Le pays rempli de fauves nous contraignait à allumer des feux à l'entour du cantonnement pour éviter les dangereuses visites du tigre. Je fus placé en sentinelle double avec un tirailleur, dissimulé dans de grandes herbes, au bord d'un ruisseau, entre deux collines. Le camarade que je venais de remplacer me passa les consignes et m'invita à me défier d'un bruit insolite entendu du côté de l'eau. Vers 11 heures du soir, le bruit se renouvela et mon compagnon m'avertit par une interjection dans sa langue, qui m'était encore inconnue : Yen-na-Koua-houm, Yen-na-Koua-houm, ce qui voulait dire « le tigre » !

En effet, un rugissement formidable se fit entendre qui nous bouleversa. De saisissement nos cheveux se dressèrent sur nos têtes et l'effroi paralysa nos moyens de défense, mais pendant un court instant. Bientôt nous reprîmes notre assurance en face du péril.

Le tigre est un animal terrible. Nul ne peut fuir quand, la crinière hérissée, la lèvre contractée par un rictus menaçant, il vous tient sous son œil et s'apprête à bondir. Les indigènes, même les plus braves, quand ils entendent le rugissement du tigre, ne sortent pas de leurs cabanes. A ce moment on pouvait même retirer les sentinelles, car il n'y avait rien à craindre de l'ennemi.

Le rugissement est sourd et profond au début comme le roulement lointain d'une cataracte; il suit une gamme ascendante de sons rauques et impétueux; comme le souffle du vent dans une tourmente, il éclate avec le fracas du tonnerre, puis il va en s'affaiblissant de note en note comme une détonation d'artillerie qui se perd d'écho en écho. Tous ceux qui entendent ce cri croient sentir la terre trembler.

Dans un pays aussi étrange que le Tonkin, aussi peuplé de bêtes, infesté de tigres surtout, l'homme est souvent victime de la griffe d'un fauve ou de la dent du tigre et, chose constatée, les sentinelles en campagne sont très exposées à être assaillies pendant qu'elles veillent sur l'ennemi en face d'elles.

Elles sont victimes du fauve qui vient par derrière, elles sont victimes de leurs gardes attentives; maints soldats sont morts pour avoir trop négligé de s'assurer si, derrière eux, ne se glissait pas un fauve.

Le lendemain on partit de très bonne heure pour ne pas être incommodés par la chaleur comme la veille.

Tout se passa bien pendant le trajet. Arrivés à Yen-Lang, on ne put pas trouver de vivres. Il fallut aller les chercher à quinze kilomètres de là en descendant le fleuve Rouge. On ne trouva pas assez de volontaires pour cette corvée, on compléta l'escorte par dix tirailleurs.

A notre arrivée à Foug-Voug, on se mit en quête de porteurs. On passa presque tout l'après-midi dans le village.

A partir de ce moment-là, je me sentis mal à mon aise et fus pris d'un violent mal de tête.

Dès notre retour au poste je fus obligé de me coucher, atteint des premiers symptômes de la fièvre. Espérant un peu de fraîcheur pour soulager mon mal, je fus content de voir le temps se mettre à l'orage. Une pluie diluvienne tomba en effet pendant deux jours, accompagnée d'un vent terrible, qui menaçait à tout moment d'emporter la toiture de notre baraque. Pour obvier à cet inconvénient il nous fallut attacher solidement les poutres de la toiture après les piliers.

Après cette véritable inondation, le soleil, dardant ses plus chauds rayons, fit sortir de la terre d'épaisses vapeurs d'où s'exhalaient de mauvaises odeurs, qui aggravaient encore notre mal.

Pour moi, je ne me portais pas bien depuis l'insolation attrapée en allant chercher nos vivres.

J'espérais en mes forces, mais malgré toute l'énergie dont je fis preuve, je fus obligé de m'aliter le 3 juillet et de descendre à l'hôpital d'Hanoï avec trois camarades du même poste que moi.

L'un d'eux mourut deux jours après son arrivée, l'autre succomba le 11 juillet.

Je restai trois jours sans connaissance en proie à un violent délire. Je ne commençai à me lever, après la dissipation de la fièvre, que le 14 juillet.

Les sœurs, admirables de dévouement, me donnèrent une nourriture légère, puis, comme le mieux s'accentuait, des aliments de plus en plus fortifiants.

Le 14 juillet, pendant le repas du matin, un bruit sec, semblable à un coup de tonnerre, fit tout trembler autour de nous.

Un moment ahuris, nous ne pensâmes à nous enfuir qu'au premier craquement du bâtiment.

Par bonheur, la secousse de ce tremblement

de terre ne dura que six secondes, sans occasionner de sérieux dégâts.

Comme ma santé s'améliorait tous les jours, je demandai au docteur de me laisser sortir, ce qui me fut accordé.

Quelques jours après, je repartais à mon poste de Hong-Hoa, où je repris aussitôt mon service.

Le 1er septembre, je fus nommé caporal et le 15 du même mois je fus désigné pour aller à la section de discipline des régiments étrangers qui, à cette époque, se trouvait à That-Ké.

Je descendis en chaloupe jusqu'à Hanoï. Je remontai avec le convoi régulier qui, tous les mois, ravitaillait les postes de la région de Lang-Son. Ce convoi était mené par de l'artillerie de marine jusqu'à Phu-Lang-Thuong, où il continuait par chemin de fer jusqu'à Kep, distant de 25 kilomètres.

Dans ce village, nous allâmes tous visiter la tombe de soldats français morts en défendant, comme nous, les droits de leur pays.

A Kep, on procéda à l'organisation de voitures traînées par des buffles et des indigènes.

Un docteur, un sergent, ainsi que plusieurs tirailleurs et légionnaires se rendant à Lang-Son, nous accompagnèrent. Le chef de cette petite troupe se trouvait être un lieutenant, se rendant au poste de Don-Ké.

Je fus placé comme éclaireur avec deux tirailleurs; mes camarades furent échelonnés de chaque côté des voitures.

De nombreux paysans profitèrent de la sécurité que leur offrait la troupe pour porter leurs marchandises au marché de Bac-Khlé.

Une heure après avoir fait le repas du matin, j'entendis crier : « Hop! hop! » Croyant bien faire, j'arrêtai de suite le convoi et vins retrouver mes camarades qui avaient un peu de retard sur moi, mais le docteur accourut me prévenir de garder le convoi qui allait être attaqué.

Malheureusement, les pillards avaient déjà réussi à dérober les marchandises et à enlever plusieurs femmes, qui poussaient des cris d'effroi.

On s'élança à leur poursuite, mais, hélas! trop tard. N'entendant en effet plus de cris, on perdit bientôt la trace de ces bandits. Force nous fut donc de revenir vers nos voitures, sans avoir pu rendre les disparues à leurs parents et amis, qui s'arrachaient les cheveux de désespoir. On continua la route jusqu'à Bac-Khlé, où les voitures furent placées dans une enceinte destinée à cet effet.

J'allai ensuite faire la provision de vivres pour les deux autres jours de marche qu'il nous restait à faire avant d'arriver à Lang-Son.

Je fis la distribution des vivres à mes camarades, qui, après un repas sommaire, allèrent se reposer de leurs fatigues.

Nous étions à peine endormis qu'une vive fusillade vint nous sonner le réveil. Aussitôt une immense lueur, embrasant tout l'horizon, nous fit comprendre que le feu venait d'être mis aux quatre coins du village.

Les habitants criaient au secours et se sauvaient de tous côtés comme des fous.

Les ennemis profitèrent de cette panique pour nous cribler de balles. La petite troupe était disposée près des voitures, pendant que le poste de l'infanterie de marine, ripostant de son mieux, envoyait des reconnaissances pour repousser l'ennemi.

Nous restâmes ainsi sur le qui vive durant trois heures. N'entendant plus rien, le lieutenant, chef du convoi, demanda deux volontaires pour aller en reconnaissance dans le village réduit en cendres.

Au cours de cette perquisition à travers les débris, notre attention fut attirée par des cris plaintifs semblant sortir d'un grand hangar.

Ce que nous vîmes à la lueur d'une torche faillit nous faire tomber à la renverse. Des paysans réfugiés là pour se cacher avaient été la proie des flammes. Leurs corps étaient affreusement carbonisés. D'autres non moins à plaindre, blessés par les balles et par la chute des poutrelles, baignaient dans leur sang, se cramponnant rageusement les uns aux autres. Ils poussaient des hurlements de douleur, quand un compagnon d'infortune, essayant de se soulever, mettait la main sur leurs plaies, ravivant ainsi leurs souffrances.

Les pillards n'avaient pas perdu de temps. Profitant en effet du trouble des habitants, ils s'étaient enfuis, emportant avec eux toutes les marchandises qu'ils avaient pu trouver.

Obligés de quitter ce terrible spectacle, nous continuâmes notre route sur Lang-Son. Durant deux jours, rien ne vint arrêter notre marche, et nous arrivâmes à Dong-Dang, village chinois (frontière de Chine), où l'on trouva tout le confortable qu'un soldat puisse souhaiter.

Un poste d'infanterie de marine se trouvait à proximité de la frontière. On y passa la nuit pour se diriger ensuite sur Kho-Cham. On fit halte dans ce pays. On remonta ensuite le fleuve jusqu'à That-Ké, où je quittai le convoi, qui devait aller jusqu'à Lao-Khan.

J'étais attendu par mes camarades, qui fêtèrent joyeusement mon arrivée.

La discipline, abritée sous de grandes tentes et campée sur un petit mamelon entouré de rizières, se trouvait à deux kilomètres du poste de That-Khé, sur la route de Kao-Ban.

Logés sous de grandes tentes, nous n'avions pour toute literie que de la paille de riz. Outre que nous étions mal couchés, les moustiques ne nous permirent pas de fermer l'œil de la nuit.

1892

Les disciplinaires, au nombre d'une vingtaine, commencèrent les travaux de la route de Don-Ké. Pour les garder, le cadre se composait de 2 sergents, 4 caporaux et 10 soldats de 1re classe. Nous allions à tour de rôle surveiller les travaux, qui durèrent jusqu'à la fin de mars.

A cette époque on se rendit sur la frontière de Chine, près de By-Gni pour barrer les gués du fleuve. Nous procédions à ce travail au moyen d'arbres et de piquets fichés en terre et ne dépassant pas le niveau de l'eau.

Nous étions à 20 kilomètres du poste de Bin-Dao, sur le Soug-Shaï, et à 3 ou 4 kilomètres d'un fort poste chinois.

Ainsi éloignés de toute habitation, nous logions dans des baraques que nous avions construites avec de l'herbe et des mottes de terre.

Un jour, j'allais faire le marché en Chine avec quatre tirailleurs et deux aides cuisiniers. Je partis sur un sampan et descendis le fleuve jusqu'auprès du fort chinois.

Là, les hommes de garde m'obligèrent à déposer mes armes et celles de mon escorte. Ce n'est qu'à cette condition que je pus entrer dans le village de By-Gni.

Pendant mon tour de marché les Chinois me suivaient bouche bée et me dévisageaient. Les enfants s'enfuyaient à toutes jambes, tandis que les vieillards aux longues tresses et à barbe blanche cherchaient à me causer par l'intermédiaire des tirailleurs, qui connaissaient leur langue.

Mes provisions faites, je partis au fort reprendre mes armes. Les hommes de garde furent courtois avec nous. Je remontai dans le sampan et arrivai à mon poste sans autre incident.

Peu de jours après, on nous avisa que des vivres français venaient d'arriver à That-Ké.

Le soir même j'allai les chercher, emmenant avec moi un Européen et deux cuisiniers.

Nous prîmes le bateau des soldats qui faisaient le service de douaniers.

En remontant le fleuve, nous fîmes la rencontre d'une barque de contrebandiers.

Ceux-ci, après les trois sommations d'usage, ne voulurent pas s'arrêter; on leur tira dessus, mais ils réussirent à gagner la berge à la nage, abandonnant leurs ballots.

Arrivé à l'endroit du fleuve le plus proche de That-Ké, j'envoyai chercher les vivres par les deux cuisiniers et quatre hommes que j'avais réquisitionnés dans un village voisin.

A leur retour, on ficela les ballots au fond de la barque et par crainte d'une vengeance, on décida d'un commun accord d'aller coucher sur le fleuve, dans un endroit assez éloigné de tout village.

Cette précaution fut sagement prise; les contrebandiers faisaient, en effet, partie d'une bande parfaitement organisée, qui, pendant toute la nuit, nous chercha dans les herbes et sur les bords du fleuve.

Ils tiraillèrent de tous côtés, croyant sans doute que nous allions riposter et espérant ainsi découvrir notre retraite. Mais leur ruse fut sans effet. Cachés sur le bord du fleuve, nous nous tenions bien sur nos gardes, prêts à faire feu en cas de besoin. Notre situation était des plus périlleuses. Aucun secours à espérer, nous étions à plus de 24 kilomètres du poste de Bin-Dao.

Après cette nuit blanche, nous arrivâmes au poste sans encombre.

Quelques jours se passèrent encore aux travaux des gués, puis l'on retourna à That-Ké.

De là, on repartit en reconnaissance du côté de Bangkok, barrer le passage du Dé-Tham, chef de bande, dont le fortin venait d'être pris dans le Yen-Thé, où il devait se retirer.

Trois colonnes, partant par de différentes directions, devaient se rejoindre à Bangkok.

Celle dont je faisais partie passait par Bin-Dao, frontière de Chine, près de By-Gni.

Après Bin-Dao, la colonne s'engagea dans la broussaille. Nous n'avions souvent pour chemin que des ruisseaux vaseux, où nous enfoncions jusqu'aux genoux.

Par malheur, notre guide s'étant trompé, on fut obligé de passer deux nuits en plein air au lieu d'une. Le lendemain, de grand matin, même erreur de chemin. Mais, cette fois, un douanier chinois vint à notre rencontre et nous remit en bonne voie. Après avoir suivi ce sentier pendant deux grandes heures, escaladant et dévalant les montagnes, nous arrivâmes aux portes d'un village où nous devions faire halte. Les habitants de ce pays ne savaient même pas s'ils dépendaient de la Chine ou du Tonkin.

Aussi notre chef dut-il entrer en pourparlers pour ne pas être obligé de nous faire faire demi-tour. Un officier chinois venant sur ces entrefaites nous donna la permission de suivre le chemin passant sur le territoire chinois.

Nous arrivâmes au pied d'une montagne, au sommet de laquelle se trouvait un poste chinois. Les sentinelles de ce poste nous arrêtèrent, mais lorsque nous nous eûmes fait connaître, elles nous laissèrent passer. Tous les soldats de ce poste vinrent même nous voir défiler.

Nous éloignant rapidement de la frontière chinoise, l'on arriva à Bangkok à la tombée de la nuit.

Sans perdre de temps, l'on forma des patrouilles qui allèrent se poster sur la cime des montagnes pour scruter les alentours. Peine perdue, les rebelles s'étaient dispersés.

Après être restés une dizaine de jours à Bangkok, ne nous nourrissant que de riz et de viande de porc, nous nous vîmes dans l'obligation de repartir avec la douleur de ne pas avoir brûlé une seule cartouche.

On revint à That-Ké, où l'on continua les travaux de la route de Kao-Phong et celle du col de Phumi.

Tous ces différents travaux terminés, on forma une colonne pour aller à Mao-Son. La section de discipline dont je faisais partie ainsi que la compagnie de That-Ké furent désignées pour partir.

La colonne quitta That-Ké le 20 avril. A notre passage à Lang-Son, on recruta encore une quarantaine de légionnaires et deux pièces de canon. La première nuit, on campa à quatre kilomètres du village de Ban-Dan.

Le lendemain, le poste de That-Ké et la section de discipline furent envoyés en éclaireurs par le chef de colonne pour recueillir des renseignements sur l'ennemi.

D'après les dires des gens du village, l'ennemi se trouvait de l'autre côté de la montagne au pied de laquelle nous nous trouvions.

En effet, nous avions à peine gravi la moitié de la colline que les sentinelles ennemies, nous ayant aperçus, donnaient l'alarme. D'autres rebelles vinrent à leur secours et, avant même que nous ayons eu le temps de nous reconnaître, nous canardèrent tout à loisir, pendant que le gros de leur troupe contournait nos positions.

Le chef de notre petit détachement envoya plusieurs indigènes prévenir le commandant de la colonne de ce qui se passait. Ne recevant aucune réponse et voyant la nuit arriver, notre capitaine envoya un caporal.

Avant de le laisser partir, le capitaine, lui prenant son fusil, lui remit son revolver chargé. Au cas où il aurait été pris, il devait tourner l'arme contre lui-même pour échapper aux cruelles tortures que ces barbares font endurer à leurs prisonniers.

Heureusement le messager était arrivé à bon port. Peu après, les pièces de canon, venant à notre secours, délogèrent rapidement nos ennemis de leurs positions.

Nous avions en tout huit tués et une quinzaine de blessés. Parmi les tués se trouvaient le sergent Bord et le caporal Rissert, tous deux tombés aux côtés du capitaine.

Des blessés, je ne citerai que les sergents Rosies et Tournier, qui restèrent à la tête de leur section jusqu'à la fin de l'engagement. Le dernier fut proposé pour la Légion d'honneur.

Plusieurs fois déjà, il avait été blessé, se faisant toujours remarquer par son courage et ses grandes qualités militaires.

Après cette escarmouche, nous nous rendîmes au village de Ban-Dan, où nous fûmes heureux de pouvoir faire un petit repas tranquille. Tout à coup, nous aperçumes le feu dans les positions que nous venions de quitter. C'était l'ennemi qui mettait le feu à la montagne, après avoir eu soin de dépouiller les morts et de torturer les blessés.

Un des nôtres, n'ayant pu nous suivre par suite de ses blessures, avait réussi à se traîner jusque dans une rizière, échappant ainsi à une affreuse mort. Il fut retrouvé le lendemain par des partisans.

Dans la nuit qui suivit, les autres fractions de la colonne étaient allées se poster au-dessus des montagnes pour surprendre l'ennemi de grand matin. C'est ce qui arriva.

A la première escarmouche, un soldat disciplinaire fut blessé. A côté de lui, un sergent-major, tenant le fusil d'un homme tué la veille, fut blessé dans de singulières circonstances.

Une balle vint en effet frapper la hausse de son fusil et ricocha. Mais la balle avait détaché du canon la hausse, dont les éclats vinrent le blesser en pleine poitrine.

Nous ne pouvions pas riposter. Nous avions déjà bien de la peine à avancer. Nous étions obligés de nous tirer les uns les autres par les mains. Parfois, quand nous ne pouvions pas faire le tour d'une excavation, nous nous laissions couler le long des rochers, soutenus par une corde que les camarades retenaient de toutes leurs forces. Nous passâmes ainsi trois jours et trois nuits, supportant tantôt les ardeurs d'un soleil brûlant, tantôt les fraîcheurs d'une nuit glaciale.

Voyant qu'ils ne vaincraient pas notre résistance, les rebelles prirent la fuite et se dirigèrent vers la frontière chinoise, où, cette fois, nous fûmes forcés de battre en retraite.

Les hommes de notre petite troupe, harassés de fatigue, mal vêtus et mal nourris, étaient dans un état pitoyable.

La colonne retourna à Ban-Dan, où eut lieu la dislocation. Il ne resta que la compagnie de M. le capitaine Bedbois et la section de discipline, à laquelle j'appartenais, désignées pour aller chercher les cadavres de nos camarades délaissés par nous les premiers jours de combat.

On ne retrouvait que des débris humains, de lamentables lambeaux de chair. Tout était rongé des vers. Parmi toutes ces lugubres recherches, on ne reconnut que les jambes du sergent Bord, restées intactes dans leurs houseaux.

Après avoir bien fouillé tous les replis de cette montagne encore humide du sang des victimes, on rassembla tous les débris humains sur des nattes que l'on transporta sur un petit monticule, où on les ensevelit. Ce petit tertre se trouvait au nord-est de l'emplacement choisi pour la construction d'un poste à proximité du village de Ban-Dan.

Ce fut une bien triste cérémonie. A la vue des restes de nos camarades que nous avions aimés, qui avaient partagé nos joies et nos souffrances, une émotion indicible s'empara de nous et nous fit verser des larmes de regret bien sincères.

A partir de cette époque, on travailla à la construction du poste. Les disciplinaires firent le terrassement et la compagnie Bedbois s'occupa de la charpente.

Pour un moment, nous étions tous au même rang, tous ouvriers. A vrai dire nous n'étions plus soldats.

Pour ne pas coucher à même sur la terre, chacun avait fait ses planches de châlit ; on nous remit de grands sacs que nous remplissions de paille de riz.

Le 6 juillet, nous partions déjà en reconnaissance. Le premier jour on eut beaucoup de fatigues à supporter, les ruisseaux étant fréquents et assez difficiles à traverser. Nous passions à l'aide d'une corde que des hommes retenaient fortement sur chaque berge. C'était le seul moyen de résister au courant. L'un de ces cours d'eau était si profond que nous étions obligés de tenir nos fusils au-dessus de nos têtes. Les fumeurs avaient pris soin d'abriter leurs articles en les cachant sous leurs casques.

Nos effets étaient encore mouillés quand nous arrivâmes à l'étape. Après avoir passé une nuit tranquille, nous reprenions notre route de très bonne heure pour surprendre l'ennemi. Nous arrivâmes à la nuit près d'un village dont les portes étaient fermées. Les partisans, marchant en éclaireurs, avaient essuyé une vive fusillade, qui mit plusieurs des leurs hors de combat.

L'obscurité complète nous obligea à battre en retraite et de nous réfugier sur une colline, où l'on passa la nuit, dévorés par les moustiques.

A la pointe du jour on prit ses dispositions

pour cerner le village. Peine inutile, les rebelles s'étaient enfuis. On leur donna la chasse aussitôt, mais ce ne fut guère que vers huit heures que nous aperçûmes les sentinelles ennemies en haut d'une montagne. Vite on nous fit abriter derrière un petit mamelon. L'ennemi ne nous avait pas vus. On en profita pour faire un repas froid avant d'engager la bataille qui commença après, à deux kilomètres de distance.

Peu à peu nous approchions, tâchant d'occuper le sommet des collines où les différentes fractions de la troupe passèrent la nuit.

Du haut de nos positions nous apercevions le village que les rebelles avaient abandonné, nous laissant une grande provision de riz et de bétail, qui nous servirent beaucoup.

Je fus chargé d'aller dans le village avec les cuisiniers et une dizaine de porteurs pour porter des vivres dans tous les postes.

Le deuxième jour, la colonne s'avançant, je fus obligé de transporter mes cuisines sur un petit mamelon, en arrière des postes, qui tiraillaient depuis le matin.

Bientôt il ne resta plus que deux bœufs encore vivants. Je les fis abattre et dépouiller pour le mieux.

Les postes amusèrent ainsi l'ennemi pendant toute la journée, attendant à chaque instant l'arrivée de la troupe de Lang-Son qui, avec ses pièces de canon, délogea le soir même les ennemis de leur fortin, que l'on prit d'assaut.

La colonne de Lang-Son retourna à son poste, emmenant avec elle tous les prisonniers.

La colonne de Ban-Dan, dont je faisais partie quitta le village à une heure du matin pour regagner ses cantonnements, où elle arriva le 13 juillet.

Anémié par tant de surmenage, je dus m'aliter sitôt notre arrivée. Je passai, ainsi que beaucoup de mes camarades, la Fête nationale, anéanti sur mon lit et n'ayant pas le moindre appétit.

Mais, n'ayant pas le moindre gîte pour nous garantir des rigueurs de la température, nous fûmes contraints, malgré tout, de construire le poste.

Heureusement pour nous les vivres nous arrivaient assez régulièrement de Lang-Son. Tout nous semblait délicieux ; parfois cependant les mets sortaient un peu de l'ordinaire. C'est ainsi qu'un jour je mangeai du serpent boa. Ces mets sont en outre très avantageux. Un seul boa suffit pour le repas de cent hommes.

L'eau n'était pas buvable. Nous la faisions bouillir avec du marc de café et quelques grains de badiane, ce qui lui donnait un petit goût d'absinthe qu'aucun de nous ne dédaignait.

Au commencement du mois d'août, le commandant de la discipline reçut un ordre émanant du général en chef lui enjoignant de se rendre au fort de Brière-de-l'Isle, près de Lang-Son, pour y prendre un repos bien mérité.

De Ban-Dan à Lang-Son il y avait 25 à 26 kilomètres. Je ne me sentais pas la force de les faire, tellement j'étais faible.

Mes jambes, démesurément enflées, ne pouvaient plus me porter.

Néanmoins je m'armai de courage et réunissant mes dernières forces, moitié marchant, moitié soutenu par mes camarades, je fis l'étape.

Dès le lendemain, j'entrais à l'hôpital, où je restai huit jours, contraint d'en sortir pour laisser la place à des camarades encore plus malades que moi.

J'étais cependant bien loin d'être guéri. Tous les matins je me rendais à l'hôpital pour y prendre les médicaments que le docteur m'avait ordonnés.

Pendant ma maladie, la section de discipline fut envoyée au poste de Na-Cham pour renforcer des tirailleurs qui harcelaient les bandes de rebelles signalées sur la frontière de Chine.

Le commandant supérieur fit venir du 2e étrangers de Yen-Bay une compagnie de marche prête à nous aider en cas de besoin.

Je réintégrai donc la compagnie qui se trouvait appartenir à mon ancien régiment. J'aurais dû être remplacé depuis longtemps, car le premier caporal qui m'avait succédé avait été tué près de Bac-Ké. Cette compagnie avait eu le malheur de perdre le commandant Bonnot et le capitaine Charpentier.

Je me retrouvai avec mes anciens camarades, qui tous me félicitèrent de mon retour parmi eux.

Le lendemain, à la pointe du jour, nous nous dirigions sur That-Ké pour débloquer le poste ; après quoi nous prenions la route de Déo-Kat, petit village situé sur les bords d'un fleuve. On fit la sieste et,vers les trois heures de l'après-midi,on se remit en marche à travers des chemins rocheux et difficiles.

La pièce de canon que nous avions avec nous était chargée sur un mulet, qui avait peine à se tenir debout. La pauvre bête ne faisait que buter. En passant le fleuve, le mulet tomba si malheureusement que la pièce de canon culbuta dans l'eau.

Le mulet, par bonheur, ne se sentit de rien. Il n'en fut pas de même de la culasse du canon, que les sampaniers de M. le colonel Servière, commandant la colonne, eurent beaucoup de peine à retrouver.

La nuit nous surprit travaillant encore à la recherche de cette culasse. Trompés par l'obscurité, il nous fut très difficile d'avancer. De plus,l'ennemi avait coupé les fils télégraphiques et les avait emmêlés au beau milieu du chemin.

Enfin, nous arrivâmes au pied de la montagne, sur laquelle nous devions prendre nos positions pour bombarder un village envahi par les rebelles.

On monta la pièce comme l'on put. Ce pénible travail terminé, nous attendîmes le jour avec impatience pour sonner à coups de canon le réveil à nos ennemis. Mais, comme toujours, les patrouilles vinrent nous avertir que les rebelles s'étaient sauvés vers la frontière de Chine.

A l'annonce de cette nouvelle, nous partîmes à That-Ké nous ravitailler pour continuer la poursuite de ces brigands.

Nos ennemis s'étaient réfugiés dans des excavations de rochers, d'où il était difficile de les faire sortir. Le seul moyen de les faire capituler était de les assiéger.

On plaça plusieurs postes tout autour de leurs repaires. On passa ainsi quelques jours dans l'attente, ne tirant que quelques coups de fusil.

Nos ennemis ne se montraient guère que pour nous appeler sales Français ou pour nous lancer d'autres insultes de ce genre dans leur langage.

Une colonne venant de Kao-Bang leur avait pris un convoi de vivres et de munitions et fait une centaine de prisonniers. Quelques jours se passèrent sans aucun changement de part et d'autres.

Tous les soirs nous détachions de petits postes dans les bas fonds pour empêcher nos adversaires de s'évader.

Je partis un soir avec quatre hommes barrer un de ces sentiers. Pour nous y rendre, il nous fallut traverser un cours d'eau, où nous avions de l'eau jusqu'au cou. Ce fâcheux contre temps me valut un refroidissement suivi d'une violente dysenterie.

Trompant la vigilance de nos sentinelles, les rebelles réussirent à s'évader vers les 2 heures du matin. La nuit était si obscure que, craignant de tirer sur les nôtres, on ne brûla que quelques cartouches.

Parmi les blessés se trouvait l'ordonnance de M. le lieutenant Belin.

N'ayant plus rien à faire dans ces parages, chaque colonne rejoignit son poste. Je redescendis donc avec ma compagnie jusqu'à Lang-Son, où après avoir séjourné deux jours, la colonne se dirigea sur Yen-Bay.

Malade de la dysenterie je restai à l'hôpital, où les docteurs désespérèrent de me sauver. Pendant cinq jours consécutifs je ne prononçai pas une seule parole, je n'avais même pas la force d'ouvrir les yeux. Des soins énergiques me rappelèrent à la vie.

Peu à peu, grâce aux soins dont je fus entouré, je repris de nouvelles forces.

Je fus assez valide pour sortir de l'hôpital au moment de l'exécution de nos derniers prisonniers de guerre. J'assistai, non sans émotion, à ce triste spectacle.

Le condamné, attaché à un piquet fiché en terre, avait les mains jointes derrière le dos. La partie du cou où devait porter le cimeterre était complètement rasée; les cheveux du patient étaient ramenés sur la face.

Il existait des degrés, même dans le dernier supplice.

D'après la gravité du fait qu'on leur imputait, les rebelles prisonniers étaient condamnés à avoir la tête tranchée d'un ou de plusieurs coups de cimeterre.

Les bourreaux étaient toujours des soldats du Houyen-Phu (chef de canton) qui tous portaient le coupe-coupe (grand sabre bien effilé).

Avant l'exécution un soldat du Houyen-Phu lisait à la foule les motifs de la condamnation.

Les femmes n'étaient pas exécutées de la même façon. On les envoyait à Hung-Yen, où elles subissaient le supplice de l'éléphant. L'intelligent animal, spécialement dressé à cela, posait sa lourde patte sur la tête de la victime et la réduisait en bouillie.

Le 16 novembre, je pris le convoi régulier qui descendait à Hanoï.

De là, je retournai à ma compagnie à Yen-Bay, où je passai un mois à me reposer.

1893

Je repartis ensuite pour le poste d'Hao-Gia, composé d'un sergent, de dix légionnaires et autant de tirailleurs.

Ce poste était spécialement chargé de la surveillance de 60 prisonniers de guerre que l'on utilisait pour faire les terrassements de la route de Yen-Bay à Quan-Chau.

Après avoir passé 27 mois si loin de ma patrie et après avoir couru tant de dangers, j'appris avec plaisir que je devais rentrer en France incessamment.

Je m'embarquai en effet le 20 mars dans la baie d'Along, sur le *Schamrok,* où je retrouvai quelques-uns de mes camarades.

Sur 116 que nous étions à notre arrivée, nous ne revenions que 17. Six avaient demandé à prolonger leur séjour au Tonkin. Tous les autres avaient dû être renvoyés en Algérie pour cause de maladie. Beaucoup cependant étaient morts, soit minés par la fièvre ou la dysenterie, soit glorieusement tués par les balles ennemies.

Pendant 28 jours entiers, la traversée fut des plus calmes. On eut cependant à déplorer la mort de trois passagers dans la traversée de la mer Rouge.

Partis le 20 mars, nous débarquions le 22 avril à Alger, où une foule de curieux, encombrant les quais, nous fit une ovation des plus enthousiastes. Pendant deux jours la ville fut en fête. La population algérienne prouva, par ses nombreux vivats, son contentement de revoir ses valeureux légionnaires.

A Saïda, la réception fut aussi cordiale qu'à Alger. La musique nous attendait à la gare et, pendant la traversée de la ville, nous étions étourdis par les acclamations des bons paysans qui venaient nous serrer chaleureusement les mains.

Suivant une vieille coutume, un copieux repas, préparé par la cantinière, nous attendait à la caserne. Tout avait été soigneusement préparé. Les chambres étaient d'une propreté irréprochable. Le soir venu, nous étions heureux de nous étendre mollement sur nos lits si doux et si bien faits, contents de nous séparer de nos effets, que nous n'avions pas quittés durant toute la traversée.

Le lendemain, on se rendit tous à la visite du docteur, les uns pour se faire soigner, la plupart pour se faire délivrer une convalescence leur permettant ainsi un petit séjour en France.

Malheureusement, beaucoup de légionnaires étaient, comme moi, du pays annexé, et, n'ayant plus de famille en France, furent obligés de rester au régiment. On eut cependant quelques égards pour nous. On nous installa dans une chambre à part, nous donnant une nourriture saine et abondante.

Entre temps, un détachement se forma pour l'expédition du Dahomey.

Je demandai aussitôt à en faire partie, mais, malgré mes instances, les docteurs ne voulurent pas me laisser partir, prétextant le faible état de ma santé.

Je restai donc à Saïda, mais trois semaines plus tard, je partis avec un détachement de 30 hommes, commandé par un adjudant, occuper le poste de Sfissifa-les-Saules, à trois jours de marche de Saïda, sur la route de Géryville.

Ce poste avait été créé pour empêcher l'insurrection des Arabes et surtout aussi pour ravitailler les troupes de passage. Situé au milieu d'une grande plaine, ce poste devait protection aux caravanes qui s'acheminaient sur la route de Géryville. La plaine était couverte de thym et d'alfa, que nous employions à faire cuire nos aliments. A 4 kilomètres du poste se trouvait un lac de sel, qui nous donnait souvent les illusions trompeuses du mirage.

Nos vivres nous étaient fournis par un juif, seul Européen vivant dans cette contrée.

Nous ne mangions du bœuf que les jours de passage de troupes. Quand nous n'étions que les hommes du poste, nous mangions du mouton que nous envoyait le fournisseur des douars voisins. Souvent aussi, les Arabes nous apportaient le produit de leur chasse, notamment de la gazelle.

Souvent aussi, nous avions occasion de voir au poste des caravanes qui profitaient du voisinage de notre source pour y venir faire provision d'eau et abreuver leur nombreux bétail. Bien que nous en ayions l'habitude, nous trouvions chaque fois étrange que la femme arabe soit plutôt considérée comme une esclave que comme une compagne. Elle a de durs devoirs à remplir : il faut qu'elle s'occupe de tous les soins du ménage, qu'elle tisse, qu'elle broie le grain, qu'elle cultive le champ. C'est un cheval de labour, c'est la bête de somme : telle est la condition chez les pauvres. Cependant, chez les riches musulmans, les chefs de douars, de tribus, le gros ouvrage est fait par les négresses esclaves qui, souvent sont honorées des caprices du maître. Dans leur sérail, c'est la plus âgée qui préside à l'organisation de leur labeur et le partage entre toutes, sauf la plus jolie, qui ne fait absolument rien. Les autres n'en sont pas jalouses. Voici pourquoi : en Algérie, à 10 ans, la fille est nubile et se marie. A 20 ans, elle est enlaidie des fatigues du mariage et des brûlantes ardeurs du climat, sans compter les prédispositions du tempérament féminin le plus facile à se faner.

Depuis lors, sa vie n'est plus qu'une longue vieillesse, sans désir, dont la résignation fataliste lui laisse une seule pensée : décider son seigneur et maître à prendre le plus de compagnes possible afin de répartir le travail sur un plus grand nombre de bras féminins.

Ce que nous trouvions aussi de curieux, c'étaient les repas. Nous prenions plaisir à y assister : en Algérie, on ne connaît pas la cuiller. Si riche que soit un homme, il mange avec les doigts. Abd-el-Kader en usait ainsi. A côté de certains usages qui attestent une éducation raffinée, celui-là paraît bizarre. Il entraîne des conséquences qui ont leur importance : on ne peut servir les plats brûlants. D'autre part, comme on ne sauce pas le pain (qui est une galette sans levain), il en résulte que les ragoûts sont inconnus. Mais si la cuisine arabe est simple, du moins elle est excellente et la confiserie est faite supérieurement.

Quant aux nomades qui s'installaient à proximité du poste pour une saison de récolte, nous pouvions visiter leurs gourbis, dont l'intérieur est toujours le même : un divan qui sert de lit et de siège principal. On s'y assied en s'accroupissant à la mode turque et l'on y dort tout habillé. A terre, quelques nattes et des haillons. C'est tout comme ameublement. Le tout ne prend vue du dehors que par une porte : celle-ci close, l'obscurité règne.

A peine a-t-on quitté le village que l'on se trouve au milieu de solitudes profondes et mystérieuses que la civilisation n'a pas encore déflorées. La nature a conservé son aspect sauvage et ses grâces virginales. L'air est saturé de l'âcre parfum des fleurs tropicales, le soleil resplendit sous l'azur d'un ciel d'une limpidité inconnue à nos climats brumeux.

En Algérie on est sûr qu'il ne pleuvra pas pendant 5 ou 6 mois au moins. Sans doute, la chaleur est écrasante pour les soldats en marche dans le Sud, mais dans les villes, sur une profondeur de 58 lieues, elle est plus supportable qu'en France. Cette assertion est paradoxale simplement en apparence, car, en Algérie, la disposition des maisons, l'hygiène qu'on suit et les coutumes adoptées permettent de passer la canicule sans trop en ressentir les effets.

Tout le monde observe la sieste, les soldats et même les ouvriers. En effet, à ce moment de la journée, le soleil est de plomb, il en résulte une température de fournaise qui énerve et fatigue, tandis que dans les intérieurs on respire un air frais.

Aujourd'hui des colons sérieux sont venus, en trop petit nombre, il est vrai, mais ils ont pleinement réussi à enrichir ce beau pays, qui est maintenant en pleine production.

Les Européens, et surtout les Catalans, sont en très grand nombre et forment une classe importante de la colonisation.

Cette vie de solitude et de tranquillité dura trois mois, au bout desquels je retournai à Saïda.

A la fin de novembre, je fus envoyé avec trois de mes camarades, un sergent et un adjudant à Frindha, pour ramener des disciplinaires graciés de leur peine, venant d'Ellou-Sem.

A Frindha, ils se firent quelque argent en vendant aux Espagnols les poignards et autres bibelots fabriqués par eux à la discipline.

Ils profitèrent de leur liberté, depuis longtemps perdue, pour se livrer à des orgies sans nom.

Ivres comme des brutes, ils ne connaissaient plus personne, se battant à coups de couteau avec tous ceux qui leur tombaient sous la main.

Le brigadier de gendarmerie ayant déjà eu maille à partir avec eux, ils allèrent, poussés par la vengeance, jusqu'à frapper la femme de celui-ci avec la dernière sauvagerie. On eut beaucoup de peine à les maîtriser et à les faire rentrer dans l'enceinte de la petite caserne.

Pendant les trois jours qui suivirent, les vapeurs de la boisson s'étant dissipées, ils étaient redevenus raisonnables et manifestaient même un profond repentir du mal qu'ils avaient fait.

Tout se passa bien jusqu'à notre retour à Saïda.

1894

A partir de ce moment, j'attendis ma libération qui eut lieu le 16 décembre. Je partis pour Oran, où je m'embarquai à bord du *Saint-Julien* pour Marseille.

A mon arrivée à Nancy, le froid m'incommoda beaucoup. Croyant à une indisposition passagère j'attendis jusqu'au mois de janvier, pensant toujours me refaire au climat.

Mais, mes forces diminuant de jour en jour, j'allai voir des médecins qui me répondirent qu'il n'y avait qu'un seul remède : retourner aux colonies. Mon tempérament anémié ne pouvait pas supporter ce changement trop brusque de température.

1895

Sur leurs conseils, je rengageai le 11 février, pour le 2e régiment d'infanterie de marine à Brest, où l'air vif de la mer et la douce température de Bretagne ravivèrent un peu mes forces.

Redevenu soldat de 1re classe, je fus de nouveau nommé caporal le 21 mars de cette même année 1895. Je fis les manœuvres d'automne dans les Vosges, où je fus nommé sergent. De retour à Brest, je fus désigné pour servir aux tirailleurs soudanais.

Dans une réunion d'adieux, notre colonel nous avertit des dangers que nous allions avoir à affronter dans ces pays tropicaux. A tous il nous accorda une permission, nous engageant vivement à ne pas partir sans aller revoir nos familles.

La permission me souriait peu, aussi je restai à Brest jusqu'au moment du départ. Je débordais de joie et de contentement à la pensée que j'allais revoir ces pays ensoleillés que j'ai toujours désirés.

Le 1er octobre, nous partîmes 60 sous-officiers, tous à destination du Soudan. Une foule compacte se pressait aux alentours de la gare, mêlant ses ovations aux accents joyeux de la musique du régiment. Les quais de la gare étaient eux aussi remplis de curieux, qui venaient nous offrir des bouquets.

Enfin, mettant un terme à ces démonstrations de joie, le train s'ébranla aux accents de la Marseillaise que nous chantions tous en chœur.

A Nantes, à La Rochelle, partout enfin où nous passions, de nombreux patriotes se pressaient sur les quais des gares pour nous serrer les mains et nous offrir tout ce qu'ils pouvaient pour nous faire plaisir.

A Bordeaux, nous fîmes un arrêt d'un jour qui fut employé à visiter l'exposition.

Nous partîmes de Pauillac sur de petits vapeurs qui nous menèrent à bord du *Portugal*. Sur ce paquebot se trouvaient beaucoup d'émigrants pour l'Amérique.

Nous quittâmes la côte de France le soir à la nuit, par une mer tellement agitée que les premiers jours on fut obligé de se nourrir exclusivement de conserves, les cuisiniers ne pouvant pas faire le moindre bouillon. Tout se renversait sur leurs fourneaux.

Après six jours de pleine mer, nous arrivions à Lisbonne, où je visitai la ville avec deux camarades, Ringvoald et de Clairveaux.

Nous eûmes beaucoup de peine à écouler notre

monnaie française, les restaurateurs ne voulaient pas l'accepter.

En rentrant à bord du *Portugal*, nous rencontrâmes un détachement de soldats portugais qui nous portèrent les armes, ce dont nous fûmes très fiers, car nous ne nous y attendions pas le moins du monde.

Pour passer à bord du *Portugal*, les agents de service avaient établi une passerelle et ne nous laissaient passer que moyennant la somme de cinquante centimes. Cette mesure vexatoire engendra des discussions à n'en plus finir, mais le commandant intervint et tout rentra dans l'ordre.

Après deux jours de mer, nous arrivions à Dakar, où nous fîmes nos provisions pour faire la traversée du Cayore en chemin de fer.

Il faisait un soleil de plomb; pour tout vent, le faible courant d'air produit par la vitesse du train.

Dans ce trajet nous traversions des forêts insondables que nous quittions pour des plaines de sable s'étendant à perte de vue.

Dans ces plaines nous apercevions beaucoup de baobabs, gros arbres sans feuillage dans le tronc desquels les habitants des alentours avaient creusé des grottes pour se mettre à l'abri des tourbillons de sable.

A 8 heures, nous arrivions à Saint-Louis, où l'on nous caserna dans les différents quartiers de la ville. Je fus placé au quartier des spahis, sur les bords du fleuve, où j'étais heureux de me rafraîchir à mon aise.

Après un court séjour à Saint-Louis, on remonta le fleuve le Sénégal. Nous nous ravitaillâmes à Podor et à Bakel. Là les eaux étaient si basses que nous fûmes obligés d'abandonner nos chaloupes pour continuer notre route sur de petites barques.

Tous les soirs nous campions sur les bords du fleuve. Nous nous amusions parfois beaucoup à regarder les singes, qui peuplent les forêts du Sénégal. Parfois, nous nous exercions à tirer dessus ; mais si nous avions l'adresse d'en blesser un, à notre grand étonnement, jamais il ne tombait. Les autres se sauvaient emportant le blessé dans leur fuite. De temps à autre ils se retournaient pour nous faire d'affreuses grimaces.

Au milieu du fleuve, sur le sable, nous apercevions de nombreux caïmans sur lesquels nous tirions, mais nos balles ne réussissaient qu'à les faire rentrer dans l'eau.

Nous arrivâmes enfin le 1er novembre à Kaye, où se trouvait la portion centrale du régiment. A notre arrivée dans Kaye, nous vîmes le convoi funèbre d'un de nos collègues de l'infanterie de marine, ce qui refroidit un peu notre première ardeur.

Les huit jours qui suivirent furent employés à notre organisation dans les postes. Chaque jour amenait de nouveaux départs. Nous restions à peine une vingtaine à Kaye quand la fièvre commença à faire son apparition dans nos rangs, nous forçant presque tous à gagner l'hôpital, où je restai un des derniers.

A ma sortie, je fus désigné, avec quatre autres sous-officiers pour rester à Kaye à la compagnie, pour instruire tous les futurs gradés du régiment.

M. le colonel de Trentinian, gouverneur du Soudan, m'envoya, peu de temps après, à l'école des fils de chefs, où je fus relativement bien.

Cette école, dirigée par M. Cordelier, comprenait environ cinquante élèves répartis, suivant leur degré d'instruction, en trois divisions : la première se trouvait sous les ordres de M. le Directeur, j'avais la deuxième et un Sénégalais était chargé de la troisième.

Ce Sénégalais avait obtenu son certificat d'études primaires. Il était secondé dans son travail par un autre Sénégalais, qui s'occupait spécialement de l'école primaire pour les jeunes gens de la localité.

Tous les jeudis et les dimanches, j'étais libre, les Sénégalais surveillant la promenade des élèves.

Cette vie tranquille, parmi les noirs, me plaisait énormément; ces derniers se montraient, en effet, respectueux envers nous et nous savaient gré de l'instruction que nous leur donnions.

1896

J'avais aussi le bonheur de faire tous les soirs une promenade à cheval. M. le lieutenant d'habillement laissait sa monture à ma disposition.

Tout se passa à merveille jusqu'au mois de juillet, où je retombais malade. Mon estomac était d'une faiblesse extrême et je dus, à partir de ce moment, me nourrir d'œufs et de lait qui m'étaient apportés par deux jeunes négresses, qui m'appelaient toubabou (français). Le matin, jusqu'à mon réveil ou l'arrivée de mon noir, elles s'amusaient à donner du lait à ma perruche dont les cris aigus avaient vite fait de me réveiller.

Les deux négresses n'avaient guère plus de quinze ans. Elles appartenaient à une ancienne famille de rois. Elles avaient conservé certains airs de distinction qui dénotaient chez elles leur illustre naissance. Pour tout vêtement, elles ne portaient qu'un simple péplum d'où émergeait un superbe torse noir comme l'ébène.

Depuis mon arrivée à Kaye, j'avais pour ordonnance un noir qui m'était très fidèle.

Mama-Dou était son nom. D'un dévouement sans bornes, Mama-Dou devinait mes ordres. Toujours à mes côtés, il ne s'éloignait que sur un signe. S'il m'arrivait parfois de m'attarder à table avec mes camarades, Mama-Dou m'attendait patiemment à la porte, m'apportant tout ce dont j'avais besoin.

Ce fut surtout pendant ma maladie que je compris son attachement pour moi.

La dysenterie m'ayant pris à nouveau, j'étais devenu d'une maigreur effrayante. Tant que dura ma maladie, Mama Dou ne m'abandonna pas. Ayant peur de me gêner par ses ronflements, il ne voulut jamais consentir à coucher dans ma chambre. Il se tenait accroupi derrière la porte, accourant au moindre bruit.

Tous les soirs, à 9 heures, je prenais le frais dans la cour de l'asile, sous un grand cotonnier.

J'y restais jusqu'à ce que le sommeil vînt appesantir mes paupières. Sitôt que je partais, Mama-Dou rentrait tout chez moi, et, malgré l'heure tardive à laquelle il allait se reposer, mon déjeuner se trouvait prêt à mon réveil.

Un jour, après la soupe de 10 heures, je vis de grosses larmes briller aux yeux de mon dévoué serviteur. Après l'avoir questionné, il me répondit que son grand frère était malade et voudrait bien me voir. Sur mon invitation, je le retrouvai le soir au sortir de ma pension. Le pauvre nègre s'était mal exprimé. Il m'amena en effet sa sœur, dont la figure était toute décomposée et à laquelle je fis l'aumône de mon mieux.

Tous deux vivaient en effet bien chichement des tringuelles (pourboires) que je donnai à Mama-Dou. Mama-Dou m'avait demandé de lui garder ses gages, à seule fin de pouvoir un jour ou l'autre s'acheter une femme, ce qu'il fit du reste, sitôt mon entrée à l'hôpital. Là, il vint souvent me voir et ne passa pas un seul jour sans s'inquiéter de ma santé auprès des infirmiers indigènes.

Dans une de ses visites, je lui réglai son mois, lui remis ses économies et l'avertis qu'il n'aurait plus à venir, que je partais pour la France. Il eut beaucoup de peine à s'en convaincre, mais quand il se fut bien rendu compte de la vérité, il se mit à pleurer à chaudes larmes. Il me faisait mal au cœur de le voir pleurer comme un enfant. Il ne voulait pas me quitter et me demandait dans combien de temps je serais de retour.

Ces noirs sont en général très actifs et ont une très grande confiance dans les Français. En campagne, ce sont de précieux auxiliaires pour nos soldats, leur servant d'interprètes, de guides, etc. Ils savent procurer des vivres à une colonne, là où, livrée à elle-même, cette colonne mourrait peut-être de faim.

Sur le Sénégal, les noirs nous procuraient du sel, des feuilles de tabac et de la toile de Guinée, que nous échangions contre des vivres dans les villages à proximité du fleuve. Dans le Haut-

Niger, ils se servent de cories (coquillages), qui sont la seule monnaie courante de la région.

Le couscouss est la base de l'alimentation des noirs. C'est une espèce de farine obtenue par l'écrasement du mil. L'écrasement de cette graine constitue une véritable industrie.

Les nègres se servent pour cela de mortiers creusés dans des troncs d'arbres très durs. Des milliers de bras, tout garnis de bracelets, des générations de femmes s'épuisent à ce travail.

C'est un vacarme épouvantable que ce bruit des pilons retombant lourdement sur la graine. De loin ce bruit dénote à coup sûr l'approche d'un village. La farine ainsi obtenue est transformée en une bouillie qui pour nous autres Européens n'a aucune saveur.

Dans ces pays reculés du Soudan, la civilisation laisse encore beaucoup à désirer. C'est ainsi que la femme, à l'encontre de nos pays, n'est pas l'égale de l'homme. Elle est plutôt considérée comme son esclave que comme sa compagne.

La femme, ainsi qu'une bête de somme, est vendue et achetée plusieurs fois dans sa vie; son prix dépend de son âge et de sa beauté.

Des caravanes arrivent de toutes parts avec des esclaves noires, des plumes d'autruches, des peaux de fauves, quelques volailles et des fruits de toutes sortes. Les marchands se débarrassent assez avantageusement du bétail humain. Ils s'installent au milieu d'un immense terrain planté d'arbres, où l'on voit la foule la plus bigarrée qui soit au monde se mouvoir, se heurter, crier, gesticuler, se débattre et se battre même.

Les chevaux, les ânes, les chameaux, les mules, les gens font vacarme. C'est un bruit assourdissant au milieu d'une poussière épaisse sous un soleil de plomb qui vous étouffe.

Là, des monceaux de pastèques sont aplatis par un dromadaire qui s'abat. Plus loin c'est une tente qui se renverse sur l'étalage d'un marchand, qui pousse des cris de désespoir.

Mais ce qu'il y a surtout d'étrange, ce sont les coins du marché où se tient l'exposition des esclaves, — j'allais dire des femelles — car, hélas ! le mot est vrai. Elles sont là, sans voile, à moitié nues. Dire qu'elles rougissent, ce serait mentir, car leur teint d'ébène ne le leur permet pas et d'ailleurs elles ignorent la pudeur complètement.

Comme nourriture, ces esclaves se contentent de fruits et de quelques galettes. Quant à la boisson, les sources étanchent leur soif.

Les repas des noirs, en général, sont d'un comique achevé. Toute la famille est accroupie par terre autour d'une énorme calebasse. Tous pêchent à même dans la bouillie avec leurs mains. Et pendant leur repas ce ne sont que cris, grimaces et espiègleries à rendre des points à des ouistitis. De temps à autre les chiens viennent aussi prendre leur part et trempent leur museau dans la calebasse sans être inquiétés pour cela.

L'homme et la femme ont les cheveux complètement rasés, ne conservant que quelques mèches qu'ils gardent à n'importe quelle place. Comme vêtement ils portent le pagne bien serré autour des reins. Par dessus ils mettent un bonbou, grand carré de toile de Guinée bleue et blanche, ayant une ouverture pour passer la tête et retombant jusqu'au dessous des genoux en forme de péplum.

Leurs parures se composent de larges anneaux d'argent rivés au poignets et aux chevilles. Ils portent au cou une triple rangée de coquillages, entremêlés de morceaux d'ambre et de pépites d'or. Leur parfum préféré est, sans contredit, l'huile de palme, dont ils font une respectable consommation.

Les pièces en or nous étaient interdites, car les nègres s'en seraient parés et jamais elles n'auraient reparu dans le commerce.

Les nègres ne comptent pas les années ni leur âge, ils se contentent de fêter les lunes nouvelles. Souvent ils organisent des réjouissances nocturnes. Hommes et femmes s'en donnent alors à cœur-joie durant toute la nuit.

Ils se rassemblent sur la place du village, endroit le plus favorable à leurs divertissements.

Les réjouissances commencent toujours par des feux de joie. Les femmes s'assoient tout autour du feu, les hommes, debout derrière elles, font un vacarme épouvantable. Les uns agitent des ferrailles, les autres grattent des espèces de violon; d'autres soufflent dans des cornes et le reste de la foule hurle à pleins poumons.

Les femmes battant des mains balancent mollement leur corps au son de la musique.

Les villages sont assez bien entretenus; les cases qui les composent sont faites avec de la terre recouverte de chaume. Elles affectent généralement la forme ronde sans autre issue que la porte. A l'intérieur se trouve le taras, large lit de camp servant pour toute la famille et également fait avec de la terre.

Dans ces pays, il n'y a que deux saisons : l'été et l'hiver. Cet dernier, peu rigoureux, ne dure que pendant trois mois : août, septembre, octobre, pendant lesquels des trombes d'eau désolent tout le pays.

Au mois de novembre, le soleil commence à renvoyer sa chaleur bienfaisante. Pendant le reste de l'année, le ciel est presque toujours sans nuages. Dans les forts moments de chaleur, nous ressentions, nous autres Français, l'impression douloureuse du soleil. On aurait dit un étau qui, passant autour des tempes, nous comprimait fortement la tête. Ces chaleurs excessives augmentèrent bientôt ma fièvre et ma dysenterie et m'obligèrent à rentrer en France.

Le 3 août 1896, je pris donc le *Borgnis-Desbordes*, qui arriva à Dakar le 12 du même mois. Je profitai de mon arrêt à Dakar pour aller voir un de mes amis dans l'île de Gorée, ce qui me procura une promenade très agréable.

Le lendemain, j'embarquai, à 8 heures du soir, sur le *Portugal*, qui me ramena directement à Bordeaux. J'y arrivai le 26 août. Je fus obligé d'y attendre des pièces nécessaires pour ma convalescence et, le 30, je partis pour Nancy passer une convalescence de trois mois.

Je m'amusais peu pendant ces trois mois. J'étais trop faible. Mon estomac, devenu très délicat, ne pouvait supporter que du lait et des œufs. Néanmoins, grâce aux mille précautions et aux soins dont je fus entouré, je me rétablis peu à peu et, à l'expiration de ma convalescence, j'allai rejoindre à Brest, d'où je partis pour Paris avec un détachement de trente hommes.

1897

Malgré le fort service que nous devions assurer, j'ai toujours gardé bon souvenir de mon passage dans la capitale. Mon séjour y fut d'autant plus mémorable pour moi que j'eus l'honneur d'être décoré de la médaille coloniale, place du Château-d'Eau, au milieu des ovations d'une foule compacte de curieux, qui criaient : « Vivent les marsouins ! » ou envoyaient des bouquets de toutes parts.

J'eus aussi l'honneur de prendre la garde successivement à l'Élysée, aux ministères de la guerre et des finances, à l'hôtel des Postes, à la Banque de France, etc. J'étais de piquet au Palais-Bourbon les jours de séance.

Le service était trop fatigant. Je ne pus le supporter. Je retombai de nouveau malade et allai passer quelque temps à l'hôpital Saint-Martin. J'en sortis le 3 juin pour aller faire une saison d'eau à Vichy et achever complètement ma guérison.

Le docteur me conseilla de prendre à nouveau

une convalescence de deux mois pour me faire de nouvelles forces.

Je retournai ensuite à Paris rejoindre ma compagnie, qui se trouvait alors au fort de Sucy-en-Brie.

Décidément, le climat de nos pays me valait encore moins que celui des pays chauds. Au mois de décembre, je ne fus pas surpris en apprenant que j'étais désigné pour aller continuer mes services au 2e tirailleurs tonkinois.

A Marseille, je retrouvai plusieurs de mes anciens camarades et tous nous avons joyeusement fêté notre départ.

Le paquebot, ayant été mal avisé du nombre de passagers, eut un jour de retard.

Nous employâmes ce jour à faire nos derniers préparatifs et à nous amuser de notre mieux.

L'embarquement eut lieu le 3 décembre, aux accents de la musique du 144e régiment d'infanterie.

Le départ du *Cachemire* fut bien mouvementé et triste pour beaucoup d'entre nous. Mais la gaieté des uns eut vite fait de dissiper la mélancolie des autres, et tous nous nous livrâmes sur le pont à des jeux divers jusqu'à Port-Saïd.

Les officiers et les sous-officiers obtinrent la permission de descendre à terre, et, très contents, nous nous rendîmes à l'Eldorado, où se trouvait le jeu des petits chevaux. Nous y passâmes une bonne partie de la nuit.

Dans notre promenade à travers les rues de la ville, les camelots nous assiégeaient de toutes parts. Ils vendaient surtout du tabac et des souvenirs de Suez.

Cette ville égyptienne a une position militaire importante; centre d'un commerce assez considérable, coquettement bâtie à flanc de coteau sur les bords de la mer, elle est animée par le va-et-vient d'une active population. Dans les rues s'entrecroisent, se heurtent des matelots de tous les pays et des gens de toutes les nations : des juifs aux robes traînantes, des Catalans à la veste chamarrée, des Maures au turban de cachemire, des Arabes aux majestueux burnous. En quelques minutes, on voit défiler devant soi les types les plus variés et les costumes les plus divers.

Cette ville a un air belliqueux et provoquant qui séduit : du large, elle est pittoresque; sous les rayons étincelants d'un soleil ardent, ses blanches maisons se détachent joyeusement du fond bleu de la mer qui les baigne et de la masse noire des falaises dont elle escalade les flancs abrupts.

A Colombo, nous nous rencontrâmes dans un café avec des soldats et des sous-officiers anglais qui voulurent à toutes forces nous offrir quelque chose.

Ils nous invitèrent même à aller visiter leur caserne, où tout était en fête. C'était Noël. La caserne était pavoisée, comme chez nous pour la Fête nationale.

Après nous avoir bien divertis, les sous-officiers

anglais vinrent nous reconduire jusque sur le pont du *Cachemire*.

Rentrés à bord du navire, nous continuâmes notre route jusqu'à Singapour, pour de là nous engager dans la mer de Chine.

J'étais heureux de revoir ces pays que je trouvais si beaux et où pourtant j'avais tant souffert.

Je me faisais un secret plaisir de me faire le guide de mes camarades qui n'avaient pas encore eu, comme moi, le bonheur de faire un tel voyage.

Le soir de cette même journée, les matelots ayant voulu fêter la Noël avaient fait chauffer de grandes casserolées de rhum. Mais les secousses du *Cachemire* étaient si fortes que le rhum, se renversant, prit feu et vint couler, flambloyant, jusque près des tonnes de pétrole. Tout était à craindre ; le liquide brûlant venait en effet de couler à fond de cale, non loin des barils de poudre et de dynamite.

Grâce au dévouement des légionnaires, tout danger d'explosion fut bien vite écarté. Chacun se précipitait sur une couverture pour étouffer les flammes. On en brûla ainsi près de quatre-vingts.

Le lendemain, nous arrivions à Tourane, où nous déchargions ces dangereuses marchandises, qui, la veille, avaient failli faire sauter le *Cachemire* et nous engloutir tous dans les flots.

Nous arrivâmes bientôt à la baie d'Along et

de là, par les vapeurs, nous remontâmes jusqu'à Sept-Pagodes, où se trouvait le gros du régiment.

Je fus désigné pour rentrer à Sept-Pagodes pour l'instruction des jeunes soldats, dont le recrutement s'opère d'une singulière façon.

Dans chaque région, quand le besoin s'en fait sentir, les chefs de canton, sous l'autorité militaire, réunissent les chefs de village et les obligent à fournir un certain nombre d'hommes, nombre toujours proportionné à l'importance des différentes localités.

Tous les appelés font cinq ans de service, mais il arrive parfois que, pour compléter le contingent, un même homme est obligé de faire deux ou trois congés.

La moyenne de leur taille est de un mètre vingt centimètres. Tous portent une longue chevelure, qu'ils roulent soigneusement dans un linge autour de leur tête. Ils se couvrent les dents d'une épaisse couche de laque noire. Ils restent constamment habillés. Ils se reposent sur des lits de camp en bambou, n'ayant qu'une natte pour matelas et une seule couverture.

Ils ont toujours les pieds nus et se les lavent ainsi que les mains et le visage le soir avant de se coucher. Ils ne connaissent pas encore l'emploi du savon.

Le sac, chez eux, est remplacé par une petite caisse, où se trouve leur paquetage et qu'ils placent sous leur lit de camp.

Ils prennent pension chez l'habitant. Beaucoup sont mariés. Pour les uns et les autres, quand ils sont de service ou qu'ils sont punis, on leur apporte leur repas au camp. Leur instruction se fait très difficilement ; on y arrive cependant, grâce aux caporaux et sergents indigènes, qui donnent les explications dans les deux langues.

Pendant le temps que je passai à Sept-Pagodes, nous avions beaucoup de distractions.

Nous avions un colonel qui, sachant que l'ennui est un des pires ennemis du soldat vivant loin de sa patrie, ne savait que faire pour nous être agréable.

Tout d'abord, nous avions une liberté inconnue dans nos régiments de France. Il nous autorisait à avoir un cheval, à chasser, et venait quelquefois se promener avec nous. Il était heureux de nous voir traverser bois et futaies au galop de nos montures à la poursuite d'un cerf. Lorsque nous avions fait bonne chasse, nous nous faisions un plaisir d'en offrir aux différentes pensions des Européens.

Pour varier encore nos plaisirs, nous entremêlions ces chasses de petites fêtes dans lesquelles nous organisions des tirs à la cible, des courses à cheval ; le jeu de balle était surtout notre récréation favorite.

1898

Le 10 janvier, on envoya les jeunes soldats dans les postes pour remplacer les anciens, qui devaient partir pour l'île Kaï-Nam. Mais ce départ n'eut pas lieu, vu le calme relatif qui se maintint dans cette contrée jusqu'au mois de juillet.

A cette époque, nous fûmes de nouveau prêts à partir pour l'Annam, afin de réprimer une insurrection. Cette fois encore, notre détachement ne partit pas. Ce furent les troupes de Saïgon qui prirent part à la répression de cette révolte, tandis que nous restions toujours dans l'attente à Sept-Pagodes.

Dégoûté de cette vie d'inaction, je demandai à partir dans un poste.

Ma demande fut acceptée et, quelque temps après, je partais pour Din-Lap avec deux de mes camarades à destination de Mon-Caï.

Nous traversâmes la baie d'Along en chaloupe, non sans courir de grands dangers. Les eaux de la baie se trouvaient tellement agitées par les moussons que notre pilote dut aborder les rochers, dangereux hôtes de ces parages, pour y stopper.

Heureusement pour nous, le mauvais temps ne dura pas longtemps et notre petit vapeur reprit bientôt sa course jusqu'à Thien-Yen.

Le chef de mon nouveau poste avait bien voulu m'envoyer un cheval et une escorte jusqu'à Thien-Yen. La pluie s'étant mise de nouveau à tomber avec force, je remis mon départ au lendemain. J'attendis ainsi durant trois jours une petite accalmie qui ne vint pas.

Néanmoins, comme mon escorte devait aussi ramener un convoi de vivres, je me décidai malgré tout à partir.

Pendant deux jours, nous eûmes toutes les peines du monde à traverser les ruisseaux, que les pluies avaient transformés en torrents.

Après avoir passé dans plusieurs bas-fonds et avoir contourné deux ou trois montagnes, j'aperçus au loin le drapeau tricolore flottant au-dessus des baraquements du poste. La vue du drapeau, où se termineraient nos fatigues, nous rendit un peu de courage et, marchant de plus belle, nous arrivions, deux heures après, parmi nos nouveaux camarades, qui nous reçurent de leur mieux.

A cette époque, les hommes étaient encore occupés à la construction du poste. Bâti sur une haute montagne, ce poste dominait tous les villages des alentours. Ils étaient, du reste, assez clairsemés. Le pays, peu fertile, était surtout montagneux et boisé ; il s'y trouvait quantité de repaires de fauves.

Les habitants avaient peu de terrain à cultiver ; ils ne récoltaient même pas assez de riz pour fournir le poste.

Souvent, ils avaient à se plaindre du tigre. Un matin, vers les trois heures, nous fûmes réveillés par les aboiements de nos chiens et les cris des habitants. Un tigre venait en effet de pénétrer dans l'étable d'un Chinois et de s'emparer d'un superbe cochon.

Le lendemain, on retrouva la pauvre bête à 300 mètres du village, les reins brisés et le cou traversé de part en part par les terribles crocs de son agresseur.

Peu de temps après, je fus envoyé à Thien-Yen, chercher la solde et les vivres du poste. Je fis halte au village de Pho-Cou, où, la tentation l'emportant sur moi, je visitai le pays, qui est très important.

Il faisait un beau soleil et les femmes assises sur le devant de leurs portes étaient occupées à filer de la soie. Les forêts avoisinantes, remplies de vers à soie, font la richesse de ces pays.

Après avoir touché les vivres et la solde des hommes, je revins à Din-Lap, où chacun avait hâte de finir la tâche qui lui avait été imposée.

Quand tous les travaux furent terminés, environ deux mois après, je fus désigné pour prendre le commandement du poste de Baï-Bo, reliant le poste de Bac-Xa à la Compagnie.

1899

J'étais seul d'Européen, ayant sous mes ordres 30 tirailleurs, que j'employai à construire des routes et à entretenir le poste en bon état.

Là, comme à Din-Lap, nous avions le tigre pour voisin. Une nuit, ce dangereux ennemi, brisant une enceinte de bambou, vint m'enlever une chèvre à laquelle je tenais beaucoup. Souvent aussi, rôdant autour du poste, il venait nous éveiller par ses rugissements affreux, effrayant mes sentinelles qui, cependant, se trouvaient protégées de ses griffes par une double palissade garnie de piquets.

Tous les alentours présentaient le plus triste aspect. Ce pays, déjà pauvre, venait encore d'être dévasté par les rebelles qui, après avoir brûlé les villages, avaient emmené avec eux en Chine tous les habitants qu'ils avaient pu faire prisonniers.

Quatre villages seulement avaient échappé au pillage de ces bandits. C'étaient Ban-Thiaï, Ban-Mouk, Ban-Méao et Baï-Co. Ce dernier n'était éloigné du poste que de deux kilomètres et lui avait donné son nom.

Ils possédaient chacun dix fusils Gras pour pouvoir soutenir une attaque jusqu'au moment où je leur aurais envoyé du renfort pour les secourir.

Depuis la construction du poste, les rebelles ayant complètement évacué le pays, de nombreuses familles vinrent me demander l'autorisation de reconstruire leur village réduit en cendres et de cultiver à nouveau leurs rizières en friches.

Les familles nombreuses recevaient des secours venant de Mon-Caï. De plus, tous les habitants furent exempts d'impôts jusqu'à la complète reconstruction de leurs cabanes.

Heureux d'être libres, ces pauvres gens étaient contents de leur sort. Cependant, leur aspect de repoussante saleté et leurs misérables haillons, recouvrant à peine leur nudité, faisaient pitié. Souvent, des enfants de deux et trois ans, mourant de faim, venaient au poste se régaler de riz.

Ils se plaisaient à me raconter leurs souffrances en temps de captivité. Les femmes surtout avaient été particulièrement maltraitées. Toutes portaient encore de profondes cicatrices provenant de la brutalité de leurs bourreaux.

Toutes les semaines, au moins une fois, je partais au galop de mon cheval, escorté seulement de quelques hommes, visiter les villages dépendant du poste. Quand je le pouvais, je ne manquais pas d'apporter du riz aux habitants.

Au cours de l'une de ces visites, je rencontrai une femme d'un âge avancé et qui me raconta ses malheurs.

Elle avait été enlevée ainsi que ses deux filles par les pillards. L'une d'elles était encore en captivité, l'autre avait été sauvée par des soldats d'infanterie de marine en reconnaissance. Elle avait encore les marques profondes des coups qu'elle avait reçus. Cette pauvre vieille habitait le village de Ban-Thiaï, à environ 4 kilomètres du poste, où elle était venue reprendre possession de sa propriété. Elle s'était fait construire une nouvelle cagna et partageait son temps entre le soin de ses volailles et la culture de ses rizières. Elle élevait aussi deux paires de jolis buffles.

Elle passait rarement une semaine sans venir me trouver au poste et me raconter ses infortunes. Elle fondait en larmes en parlant de sa pauvre fille captive et livrée à des êtres aussi inhumains.

Afin de faciliter l'achat des vivres pour mes tirailleurs, j'avais établi un marché en obligeant tous les chefs de village à y envoyer les habitants, porteurs de tous les vivres possibles.

Tout d'abord, les paysans amenèrent quantité de marchandises, comprenant surtout les provisions de bouche; mais, peu à peu, ils apportèrent avec eux tout ce qu'ils pouvaient imaginer, si bien que ce marché prit une importance considérable dans la région. Les gens venaient jusque des frontières de Chine pour y acheter des chevaux.

De temps à autre, je visitais les villages pour me rendre compte de l'entretien de leurs armes et voir s'ils ne gaspillaient pas leurs munitions.

Tous les ans, ils avaient des exercices de tir, qui se faisaient près du poste, sous la direction du chef de leur village.

Parmi eux se trouvaient d'adroits tireurs. Ceux-là exerçaient presque tous la profession de braconniers. Souvent ils venaient me demander la permission de chasser le tigre, qui infestait la montagne. Quand ils abattaient une belle pièce de gibier, ils avaient toujours soin de me faire choisir les meilleurs morceaux. Je profitais de ces bonnes occasions pour en envoyer à mes camarades des postes de Din-Lap et de Bac-Na. Je savais bien que, comme moi, ils étaient souvent privés d'aussi bons mets. Aussi entraient-ils dans la plus grande joie en voyant le train (facteur) porteur d'un énorme gigot ou d'un superbe morceau de filet de cert.

Tous les mois un sous-officier du poste frontière de Ba-Xa descendait à Din-Lap avec un convoi pour y chercher les vivres et la solde de ses hommes. Il faisait halte à mon poste qui se trouvait juste à moitié chemin (26 kilomètres).

Ces jours-là, je ne me contenais pas de joie, car c'étaient les seules occasions pour moi de causer français. Rien ne me semblait assez bien, assez beau pour le recevoir. Je faisais un vrai festin de roi.

Après le repas, je l'accompagnais chaque fois jusqu'à cinq ou six kilomètres du poste, où j'avais fait construire une cagna exprès pour faire une petite pause avant de nous séparer. J'avais soin de faire apporter divers rafraîchissements par mes coolies. Après un dernier verre d'adieu, mon camarade continuait sa route tandis que moi, profitant de cette sortie, j'allais visiter les villages les plus proches.

A mon arrivée dans chaque pays, c'était une véritable fête. Les notabilités venaient à ma rencontre. Les vieillards s'agenouillaient à mon passage et, lorsque je m'arrêtais, venaient embrasser la tête de mon cheval. Les enfants me faisaient un accueil beaucoup plus réservé. Dès qu'ils m'apercevaient, ils se sauvaient à toutes jambes en poussant des cris de frayeur. La vue d'un sou suffisait cependant à calmer leur effarement.

Les habitants m'offraient des cadeaux plus beaux et plus utiles les uns que les autres.

Ma première tournée dans ces villages fut marquée d'un incident qui faillit me coûter la vie. Nous descendions une montagne par un sentier étroit et fortement raviné. Arrivés à un certain endroit, le sol complètement détrempé par les pluies céda sous le poids de mon cheval, qui m'entraîna dans sa chute. Nous étions tombés dans un trou d'une profondeur d'au moins cinq mètres. La chance voulut qu'à ce moment-là je ne fusse pas à cheval. Je tenais ma monture par la bride. Mon cheval se releva sans aucun mal ; quant à moi, quoique couvert d'égratignures, j'étais aussi sain et sauf. Il ne restait plus qu'à sortir de cette fâcheuse position.

Mes tirailleurs eurent vite fait de me remonter sur le sentier, mais il n'en fut pas de même pour ma monture. Nous fûmes obligés de nous servir des bretelles de nos fusils et de la courroie de mon revolver pour hisser cette pauvre bête, tant bien que mal, au-dessus du précipice.

Avec mille précautions, on parvint à regagner le poste sans avoir à regretter d'autres incidents aussi fâcheux.

Les premiers temps, comme il n'y avait que moi d'Européen, je m'ennuyais beaucoup. Pour me distraire, j'avais élevé un petit chien qui, par ses caresses, me faisait prendre le temps en patience.

J'élevais aussi des chèvres qui fournissaient du lait aux hommes du poste. Puis, pour varier un peu notre nourriture, je m'étais mis à faire de la charcuterie avec des porcs que j'engraissais pour cela.

Tous les matins, au réveil, je partais faire une promenade à pied avec mon chien. Je m'amusais à lui lancer des pierres qu'il était heureux d'aller me chercher. De retour au poste, je repartais aussitôt faire une promenade à cheval.

Quoique bien loin de ma patrie et de ses plaisirs variés, je me fis assez vite à cette vie d'ermite.

Pendant la saison des pluies, le temps nous

paraissait bien long. Enfermés dans le poste, nous entendions l'eau dégringoler des rochers avec un bruit de tonnerre, renversant tout sur son passage. Il nous était impossible de sortir : l'eau envahissait les chemins et les rendait impraticables.

Au mois de février, le beau temps revenait et avec lui les longues promenades à cheval à travers la montagne.

Les pluies ayant complètement défoncé les chemins, je faisais exécuter les corvées de prestations par les habitants. Nous étions souvent obligés de recourir à la dynamite pour faire sauter les rochers que l'eau avait mis à nu.

Ces travaux durèrent jusqu'à la fête du Thêt qui, dans ce pays, est la plus grande fête de l'année. Elle correspond un peu à notre jour de l'an, sauf qu'elle peut facilement être avancée ou retardée de deux ou trois mois. Pendant cette fête, les habitants mangent du chien qui, pour eux, constitue le mets le plus exquis.

Souvent je m'attardais à causer avec les chefs de village, qui me rendaient compte de tous les faits de la contrée et jusque dans leurs moindres détails.

Dans ces pays, il n'existe pas de registre de naissances et de décès à la mairie. Ces registres sont tenus dans les familles; les enfants portent tous le nom du père et, comme prénoms, portent les numéros 1, 2, 3, 4, 5, etc. Les familles ont les tombes de leurs proches dans leur propriété. Elles sont toutes numérotées.

De même ces indigènes ignorent l'institution du mariage.

La jeune fille est simplement achetée par les jeunes gens, qui payent le prix aux parents soit en marchandises, soit en espèces. De plus, les hommes sont libres d'acheter une ou plusieurs femmes et de les chasser quand bon leur semble. Si, au contraire, c'est la femme qui déserte le domicile conjugal, elle est ramenée par la police ; si elle recommence, on lui coupe les cheveux et on lui fait porter la cangue. Elle est ensuite traînée par des agents dans les rues du village pour servir d'exemple aux autres femmes qui seraient tentées de faire de même.

S'il y a lieu, elle est ensuite condamnée, par le chef de son village, à être attachée sur un radeau et abandonnée au gré des flots, où elle doit sûrement trouver la mort.

Il est expressément défendu à qui que ce soit de lui porter secours sous peine d'encourir le même supplice.

Dans une famille les biens, après la mort des parents, reviennent toujours aux garçons : les filles n'ont droit qu'à la première récolte de toutes les denrées.

Toutes les jeunes filles travaillent la terre, c'est là leur seul métier jusqu'à l'époque où elles sont achetées au bénéfice des parents.

Les villages sont généralement entourés d'une haie fort épaisse et ne contenant que deux ou trois issues, où se trouvent des portes soutenues par de solides supports.

Les maisons ne présentent aucun alignement. Les murs sont en torchis, recouverts de chaume; la charpente est faite avec du bambou, bois malléable très apte à ce genre de construction.

L'intérieur de ces cagnas ne se trouve que faiblement aéré par une porte; rarement une fenêtre en bois (ils ne connaissent pas encore la vitre) se hasarde-t-elle sur l'un des côtés de la cabane.

Le mobilier est des plus simples : à même sur la terre, on remarque dans un coin un vaste lit de camp, où couchent tous les membres de la famille. Ce lit est recouvert d'une natte plus ou moins épaisse, suivant les moyens de chacun; il sert à la fois de couverture et de matelas.

On avait peine à distinguer les ustensiles de cuisine entassés pêle-mêle près du foyer. Celui-ci, des plus rustiques, se composait de trois grosses pierres sur lesquelles bouillait constamment une marmite de riz.

Les repas avaient lieu à toutes heures de la journée. Tous les membres d'une famille mangeaient dans la même marmitte, mais plus propres que les nègres, ils se servaient de kébattes (forme de soucoupes en terre émaillée) qui remplaçaient l'assiette et de deux baguettes remplaçant la cuiller et la fourchette pour prendre le riz.

Ils fument et chiquent le bétel, espèce de poivrier grimpant, qui se rencontre beaucoup dans leur pays.

Leur costume est à la fois des plus simples et

des plus bizarres. Il ne varie jamais à n'importe quelle époque de l'année et se compose d'un petit veston et d'un pantalon très large ne tombant qu'à mi-jambes et dont les coutures sont faites dans tous les sens. Ils portent de hautes jambières en toile. Quelques-uns chaussent des sandales retenues aux orteils par des lacets, mais la plupart vont pieds nus.

Tous, par le soleil ou par la pluie, portent un grand chapeau en feuilles de latanier et un manteau fait avec les mêmes feuilles. Ils se couvrent de leur manteau surtout pour voyager et pour cultiver la terre.

Sur les routes et dans les villages nous rencontrions souvent des marchands ambulants vendant du bétel, des fruits, des œufs, etc. Ils donnaient une pleine kébatte de thé pour trois sapèques. (Il faut trois ou quatre sapèques en cuivre et une quarantaine en plomb pour faire un sou).

La nourriture de ces habitants consiste surtout en riz, poisson, volailles et quelques fruits dont les noms ne me reviennent pas à la mémoire.

Ils cultivent le riz dans la vase, et quand les années sont bonnes ils font jusqu'à trois récoltes. Au moment de la cueillette, ils laissent sécher la rizière; quand celle-ci est suffisamment desséchée, ils coupent le riz et le mettent en gerbe, puis l'étendent sur une kéfenne, où se fait le décorticage. Cette dernière opération s'obtient en faisant piétiner le riz par des buffles. Les paysans profitent pour cela d'une journée de grand vent, ce qui simplifie beaucoup leur ouvrage, le vent emportant au loin tous les détritus impropres à la consommation.

La meilleure partie du riz est ensuite vendue ou mise en réserve dans des trous creusés profondément dans la terre. Le reste sert pour nourrir le bétail (paty). Ils font aussi de grandes récoltes de maïs, de tabac et de canne à sucre.

Leur religion est des plus incompréhensibles. Ils adorent un peu tout ce qui présente un caractère de grandeur et de méchanceté. C'est ainsi qu'ils adorent tous les reptiles, l'éléphant, le tigre, la panthère, etc.

Tous les ans, ces différents animaux ont leur caricature représentée à la grande fête du Thêt.

Ils prolongent parfois cette fête pendant des semaines entières, se livrant à toutes sortes de jeux d'argent. A la fin de ces fêtes, se trouvant complètement dépourvus, ils pillent et volent tout ce qu'ils peuvent.

Les habitants de ces contrées appartiennent à plusieurs races dont les principales sont : le Chinois, le Mhu-Ong, le Mann et l'Annamite.

Le Chinois est très commerçant, il ne cultive pas la terre, il est pour ainsi dire le citadin de ces pays. D'un caractère orgueilleux, il se soumet difficilement aux lois françaises.

Le Mhu-Ong, petit homme trapu et robuste, est un excellent tirailleur. Il habite généralement les villages bâtis dans les excavations des rochers. On est obligé de se servir d'échelles pour entrer dans sa demeure. Sur le devant, il construit un balcon en bambou dont les extrémités sont soutenues par des pieux.

Une fois habitué au Français, il accepte très bien sa domination.

Le Mann et le Thos sont de courageux cultivateurs. D'une rare propreté, ils revêtent un costume généralement bleu. Ils habitent la plaine ou la montagne susceptibles de produire. Ils ont des mœurs bien mieux comprises que celles du Mhu-Ong ou du Chinois. C'est ainsi qu'ils ne vendent leurs filles qu'après leur avoir trouvé un mari sérieux.

L'Annamite est de beaucoup plus petit que les autres. Il est en outre d'un tempérament très délicat. Il obéit facilement aux autres races, les croyant bien supérieures à lui. Son intelligence est des plus bornées, mais c'est un travailleur infatigable.

Dans ce pays, tout frappe l'œil, depuis la verdure jusqu'aux gens. Il faut voir dans les marchés les échantillons de toutes les races, Annamites, Chinois, Boses, etc., s'agiter dans un chaos de costumes bariolés, aller, venir, courir parmi les étalages abrités par le chaume, au milieu d'un vacarme fait du mélange des idiomes et des appels des paysans et des porteurs au torse nu.

Les villages sont composés de cagnas ou maisons avec une ou plusieurs pagodes ; celles-ci renferment généralement la statue de Bouddha noyée dans la fumée des baguettes d'encens qui l'entourent. Les fidèles apportent à ses pieds des offrandes qui varient avec la nature des biens qu'on sollicite. Si l'on demande une bonne récolte, on apportera un plat de riz, de maïs, de canne à sucre ou bien, si l'on désire, par exemple, la guérison d'un animal domestique, on offrira un poulet, etc.

Les enterrements se font d'après des coutumes spéciales. Les jeunes gens au-dessous de vingt ans demeurent exposés dans leur famille pendant vingt jours, durant lesquels on joue des airs de musique à coups de tam-tam ; après quoi, ils sont accompagnés à leur dernière demeure par des compagnons de leur âge, qui agitent des drapeaux en miaulant une plainte lamentable et monotone.

Les personnes âgées sont enterrées moins bruyamment au bout de quelques jours. Sur la tombe, on place, au-dessus de la tête du défunt, deux kébattes superposées (assiettes), dont l'inférieure contient du riz. On met en outre, à côté de ces provisions, un cruchon de choum-choum (eau-de-vie de riz) pour ceux qui étaient accoutumés d'en boire.

Le pays est aussi pittoresque. Rien d'étrange à voir comme ces montagnes de la baie d'Along, que les montagnes de France ne peuvent égaler pour la hauteur et la bizarrerie d'assemblage. Les rocs sont contournés, mêlés, enchevêtrés, formant un fouillis de lignes et d'ombres.

Quant au paysage, tout est vert. Sur la montagne, c'est l'herbe et, dans la plaine, ce sont les rizières. On voit dans ces rizières des buffles traîner la charrue en enfonçant dans la vase jusqu'aux naseaux. Ailleurs, ce sont les nahquets (paysans), qui piquent le riz et le maïs, et leur kon-gaï (femmes), qui sont habillées d'amples tuniques multicolores et font voir leurs dents laquées de noir.

Les chasseurs peuvent donner libre cours à leur passion et exercer leur adresse sur tous les animaux, depuis la caille à l'éléphant en passant par le tigre.

Enfin, depuis la racine du riz des marais jusqu'au lotus du latanier, tout est intéressant.

L'époque des grandes eaux s'approchait. Craignant de me trouver bloqué dans mon poste, je dus à mon grand regret quitter Ban-Co. Revenu à Din-Lap, j'appris que j'étais désigné pour rentrer en France. Je vendis mon cheval à un de mes camarades moyennant dix piastres; je dus également me défaire de mon chien, qui m'avait fait passer tant de bons instants.

Mon retour en France

J'embarquai le 2 mars 1899 à bord du *Cholon* et j'arrivai le 18 avril à Toulon. La traversée fut assez bonne. Peu de malades parmi les soldats rentrant en France. Un seul, un caporal d'infanterie de marine, est mort dans la traversée de la mer Rouge. Nous avons été obligés aussi de laisser un légionnaire à l'hôpital de Suez.

Le 18 avril, nous sommes allés chercher nos bagages, mais grand fut mon étonnement en apprenant que les miens, restés sur le *Cholon*, étaient partis à Marseille.

Je m'y rendis de suite et trouvai heureusement toutes mes malles en bon état.

Le lendemain, après avoir fêté notre retour en France, je partis pour Brest. Je n'eus pas la force de faire le voyage d'une seule traite. Exténué de fatigue, je descendis à Rennes, où je me reposai deux jours.

A mon arrivée à Brest, j'entrai à l'hôpital, me sentant trop faible pour passer une convalescence de trois mois sans aucun soin.

Je reçus ensuite l'ordre de rejoindre à Rochefort le 3e régiment d'infanterie de marine. Je partis le 6 septembre à destination de mon nouveau régiment, où je restai jusqu'au 29 juin 1900.

Entre temps, sur le conseil des médecins, j'avais demandé à permuter avec l'infanterie de ligne.

Je fus prévenu par dépêche ministérielle que ma permutation m'était accordée avec le sergent-major Périeau, du 56e de ligne.

A cette occasion j'obtins une nouvelle permission de vingt jours après lesquels je rejoignis le 56e de ligne, à Chalon-sur-Saône, où je passai deux hivers à rassembler mes notes et à composer ce petit livre.

Avant et durant mes premiers débuts au régiment, étant jeune et séparé de la France, j'avais toujours désiré devenir Français, afin de jouir des mêmes droits que les habitants de cette glorieuse nation et pour avoir les mérites d'un citoyen.

Je m'engageai à la Légion étrangère, où je fus, à mon arrivée, entouré par de nombreux compatriotes, qui se trouvaient dans une situation analogue à la mienne.

La pensée d'avoir quitté la Lorraine, nos familles et nos amis, le chagrin du départ que nous ressentions doublement à cause de l'affliction de nos proches, enfin le sentiment qu'il nous serait désormais impossible de franchir la frontière que nous laissions derrière nous, étaient autant de causes qui nous composaient à tous un visage mélancolique.

Notre imagination restait au lieu de notre naissance parmi ce que nous avions de plus cher au monde, et rien ne semblait pouvoir nous en distraire. Mais, à la première vue du drapeau, je commençai à sentir battre mon cœur, en lisant le nom des victoires gagnées par nos ancêtres et, peu à peu, le sentiment de mes devoirs patriotiques m'envahit et, dans mon âme vide, ma volonté désorientée sentit qu'elle avait désormais un but à atteindre. J'avais quitté ma famille, mais je venais d'entrer dans une autre famille plus grande à qui je me sacrifiai tout entier : la Patrie.

De ce moment, je fus transformé. Mon esprit, au lieu de s'égarer dans les regrets du passé, se concentra dans une idée fixe : être utile à mon pays et lui rendre le plus de services possible. Il me semblait que la terre ne devait plus avoir de plaisir pour moi. Mon ambition fut de marcher même à travers les plus grands dangers, sans crainte d'une mort qui n'était plus qu'un jeu. Aussi, je fus charmé d'apprendre qu'un détachement allait se former pour partir au Tonkin. Immédiatement, j'implorai mes chefs pour être envoyé en expédition parmi les volontaires.

J'appartenais aux vieilles troupes disciplinées de l'armée d'Afrique dans les rangs de laquelle on trouvait des hommes de toutes les nations et de tous les métiers. On y comptait des médecins, des infirmiers, des ecclésiastiques même, dont les services furent appréciés en maintes circonstances, et je tiens à rendre hommage ici même à tous ces dévouements. Il m'est doux de déclarer que j'eus de braves camarades qui ne marchandaient ni leur fatigue, ni leur souffrance, je dirai même leur vie, pour me venir en aide.

Le souvenir de ces compagnons d'armes m'est toujours cher et ce serait un bonheur pour moi si ce livre venait à leurs yeux pour les assurer de mes sentiments d'éternelle reconnaissance.

Mais, hélas ! combien sont restés dans ces lointains pays, victimes des maladies sournoises ou de la dent des fauves, le plus grand nombre morts glorieusement au champ d'honneur. Je revois encore les funérailles modestes de nos camarades de la colonne de Mao-Ton, qui furent inhumés près du poste de Ban-Dan. Durant cette triste cérémonie, j'étais agité par divers sentiments : tandis que la tristesse amenait les larmes au bord de mes paupières, je formais intérieurement des vœux pour finir aussi noblement ma vie. Mais sans doute je n'avais pas mérité cet honneur.

Je songeais aussi à la douleur qu'éprouveraient les pauvres parents de ces infortunés en apprenant la désolante nouvelle. Nous leur avions adressé les lettres de condoléances de leurs compagnons d'armes dans l'espoir que ce témoignage d'amitié dernière pourrait adoucir l'amertume de leurs regrets. Mais je crois que s'il est une chose qui dut atténuer leur chagrin, ce fut de penser que leurs enfants étaient morts pour la France. Et, plus tard, quand le temps, qui comble petit à petit la profondeur des plus grands sentiments, aura fait son œuvre, ils diront peut-être avec Pierre Loti : « Oh ! dans nos temps médiocres et séniles où tout s'en va en dérision et où les lendemains épouvantent, heureux ceux qui sont fauchés debout, heureux ceux qui tombent, candides et jeunes, pour les vieux rêves adorables de Patrie et d'Honneur et que l'on emporte enveloppés d'un humble petit drapeau tricolore et que l'on salue en soldats avec des paroles simples qui font pleurer !... »

Voilà enfin racontée ma vie en Afrique et en Asie ; mes lecteurs voudront bien m'excuser de leur présenter un récit aussi modeste. Je n'ai pas eu l'intention de donner de nouvelles descriptions sur les pays que j'ai traversés. Je me suis contenté simplement de raconter les choses telles que je les ai vues et les faits tels qu'ils se sont passés devant mes yeux.

Ernest Bolps.

CHALON-S-SAÔNE, IMP. DU COURRIER DE SAÔNE-ET-LOIRE.

www.ingramcontent.com/pod-product-compliance
Lightning Source LLC
LaVergne TN
LVHW020340230826
846091LV00003B/934

* 9 7 8 2 0 1 3 4 2 8 6 1 3 *